드론의 위협과 대응

드론테러 · 드론범죄 ·
드론사고에 대비하기 위한 대응 전략

이동규

박영사

머리말

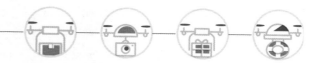

　　2015년 처음 드론범죄나 테러 등 드론 문제에 대해 본격적으로 연구를 시작했을 때 주변에서는 의아해하는 분위기였다. 당시까지만 해도 많은 사람들은 드론을 어른들의 특이한 취미나 장난감으로 생각하였고, 군사무인기는 민간 영역에서 고민할 문제가 아니었기 때문이다. 그러나 곧 드론과 관련된 여러 문제들이 세계적으로 이슈가 되기 시작했다. 공항 주변의 안전위협이나, 드론 추락으로 인한 사고, 중요인사들에 대한 경호문제가 불거지기도 했다. 하지만 IS에서 드론을 본격적인 공격무기로 사용하기 시작했을 때만 해도 우리는 큰 문제라고 생각하지 않았다.

　　2016년쯤 이라크에서 온 경찰관들을 대상으로 강의할 기회가 있었는데 인상 깊은 것 중 하나는 당시 이라크에서는 드론을 정말 심각한 문제로 생각하고 있었다는 점이다. IS나 테러조직에서 드론을 지속적으로 사용하려는 움직임이 있었고 이로부터 정부 주요 인사나 대사관 등을 방어하는 문제는 매우 중요한 문제였다. 당시 이라크에서는 미국의 기술적 도움을 받아 이미 재머건(Jammer gun) 등 전파방해 장비들을 가지고 위험에 대응하고 있었는데 자신들도 장비를 받기는 하였지만 막상 어떻게 대응해야 할지에 대해서는 난감한 상황이라는 것이었다. 하지만 일단 이라크에서는 드론을 훨씬 더 직접적이고 치명적인 위협으로 간주하고 있었고 이후 지속적인 IS의 공격이 이어졌지만 세계를 주목시킬 만한 큰 사건은 일어나지 않았다.

　　오히려 드론위협의 심각성은 2019년 사우디아라비아의 정유시설 공격을 기점으로 전 세계가 인식하게 되었다. 예멘의 후티 반군이 사용했다고 주장하는 드론들이 사우디아라비아의 정유시설을 파괴한 사건은 전 세계를 경악시켰고 이때부터 모든 나라들이 드론의 위협을 더욱 심각하고 직접적인 것으로 받아들이기 시작했다.

자동차나 비행기, 인터넷이나 통신기술 등 모든 기술은 양면성을 갖는다. 사람들은 생활을 편리하게 하기 위해 새로운 기술을 개발하고 적용하지만 그것은 전에 없던 새로운 위험성을 동시에 가져오는 것이다. 자동차의 등장이나 비행기의 등장은 그 편리함과 더불어 매년 전쟁보다 많은 사상자를 가져온다. 인터넷의 본격적인 등장은 세계적인 사이버범죄의 기초가 되었고 통신기술의 발전은 정보접근에 대한 개인의 자유를 극적으로 확대함과 동시에 개인을 네트워크에 종속되게 하였다. 현재 급속도로 발전하고 있는 나노, 바이오, VR, AI, 자율주행차 등의 기술 역시 우리가 그전에 누리지 못했던 편리함을 제공하는 대신에 이전에 없었던 새로운 문제들을 가져올 것이다.

　문제는 현재 이러한 기술의 발전속도가 점점 빨라진다는 데 있다. 선박은 수천 년에 걸쳐 안전을 확보하기 위한 여러 가지 기술과 제도들이 고민되었다. 자동차는 100년이 넘는 동안 그렇게 해왔고, 비행기 역시 오랜 시간과 논의 과정을 거쳐 현재의 시스템이 구축되었고 이러한 시스템은 지금도 지속적으로 발전하고 있다.

　그러나 인류의 데이터가 기존과는 비교할 수 없는 수준으로 축적되고 이에 기반하여 기술 발전이 점점 가속화되면서 드론이나 자율주행차의 문제는 과거와 같이 100여 년에 걸쳐 천천히 고민하고 준비하고 대응할 시간이 부족하다. 과거의 방식으로는 이러한 새로운 기술들이 가져올 위협에 적절하게 대응하기 힘들며, 이런 문제는 앞으로 더욱 가속화될 것이다. 따라서 우리는 이러한 주류 기술들에 대해 재빠르게 파악하고 대응할 준비를 해야 한다.

　많은 전문가들이 드론산업 규모와 드론 사용이 앞으로도 지속적으로 증가할 것으로 예상하고 있다. 이러한 상황에서 현재 우리에게 위협이 될 수 있는 드론 문제들을 정리하고 이에 대비하는 것은 미래 우리의 안전을 확보하는 데 있어 중요한 문제가 될 것이다. 그리고 이러한 미래의 문제를 이해하고 대비하는 데 이 책의 내용이 조금이나마 도움이 되었으면 한다.

2021. 3. 경찰인재개발원 연구실에서

차례

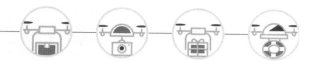

CHAPTER

01

드론의 확장

제1절

서론

　최근 들어 드론은 너무나 흔한 단어가 되었다. TV 예능 프로그램에서 드론을 이용해 낚시할 때까지만 해도 드론은 다소 특이한 취미로 생각되었다. 하지만 지금은 너무나 많은 사람이 사용하는, 내가 직접 조종하지 않더라도 나와 가까운 누군가는 사용하고 있는 조금 더 친숙한 대상이 되었다.

▌그림 1 드론을 이용한 낚시: Drone Tech Planet

　드론은 일반적으로 초소형 무인 항공기(UAV: Unmanned Aerial Vehicle)를 의미한다. 군사 무기로 개발되기 시작한 드론은 최근에는 4차 산업혁명 시대와 관련된 가장 중요한 기술 중 하나로 평가받으면서 군사적 목적 외에도 공공, 민간 및 상업, 개인적인 용도까지 그 영향력을 크게 넓혀 가고 있다. 이제 누구든지 쉽게 드론을 구입하고 조종 기술을 배워 사용할 수 있다.

　그러나 새로운 기술의 등장은 항상 새로운 위험을 동반한다. 자동차나 비행기의 등장은 인류의 생활과 편안함을 획기적으로 바꾸었지만, 그 대가 역시 만만치 않다.

　미국에서만 하더라도 2000년 이후 교통사고로 인한 사망자만 해도 약 62만 4,000명으로 1, 2차 세계대전의 미군 사망자 53만 5,000명을 훨씬 넘어선다.[1]

▌그림 2 미국 교통사고 현장　　　　　　　　　　　출처: The Washington Post

　세계적으로는 매년 100만 명 이상의 사람들이 교통 사고로 목숨을 잃고 있다. 한국에서도 매년 3,000명 이상의 사람들이 자동차 사고로 사망하고, 30만 명 이상이 부상을 입는다. 자동차가 개발된 지가 100년이 넘었고 자동차의 위험성을 줄이기 위해 그동안 수많은 기술적, 제도적 개선이 이루어졌음을 고려하면 현재 효과적인 기술적 안전장치와 법 제도가 없는 드론의 잠재적 위험성은 오히려 더욱 크다고 할 수 있다.

---

1) "More Americans have died in car crashes since 2000 than in both World Wars," 2019.7. 21, 「워싱턴포스트」

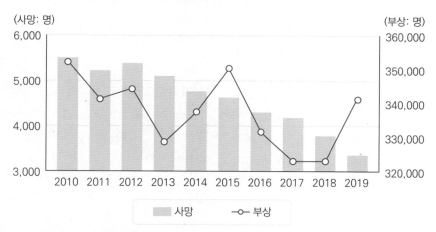

교통 사고 발생 현황(사망, 부상)

■ 그림 3 교통 사고 사망 통계 　　　　　　　　　　　　　출처: 경찰청

　드론의 등장, 정확하게 이야기하여 군사용 드론의 민간 진출은 많은 놀라운 결과들을 가져왔지만 이와 함께 심각한 위협을 함께 가져오고 있다. 하늘에 가만히 떠 있는 작은 무인 항공기는 재미있는 장난감이 되거나, 우리의 여행 사진을 찍거나, 교통 위반 차량을 단속하거나, 환경 오염을 감시할 수도 있지만, 테러에 사용되거나, 불법적인 목적의 사진을 촬영하거나, 심각한 유해 물질을 싣고 비행할 수 있다.

　드론의 위협이 심화됨에 따라 기술적, 제도적으로 많은 대응 방법이 논의되고 있지만, 세계적으로 드론의 위협을 막을 기술과 제도는 아직 정착되지 못했다. 따라서 이 책에서는 우리가 맞이하기 시작한 드론의 위협을 알아보고 이에 대한 대응 방법 및 향후의 전략에 관해서 이야기하고자 한다.

1. 드론의 의미

가. 드론의 어원과 의미

　앞서 이야기한 것처럼 드론의 원래 의미는 UAV(Unmanned Aerial Vehicle)이다. 이는 무선 조종 비행기에서 열기구까지 사람이 타지 않은 비행체를 통칭해서 이르는 말이었지만, 일반적으로 UAV라는 말보다는 드론이라는 말이 훨씬 폭넓게 사용되고 있다. 드론은 UAV를 의미하기도 하지만 다른 의미로도 사용되기 때문에 먼저 드론의 의미에 대해서 알아볼 필요가 있다.

드론(Drone)의 어원에 대해서는 여러 가지 주장들이 있지만 두 가지 설이 주로 논의되고 있다.

첫 번째는 드론의 비행 소리가 벌이 윙윙거리는 소리와 비슷하다고 하여 수벌(Drone)이라고 부르게 되었다는 주장이다. 실제 멀티콥터형 드론이 비행하는 소리는 일반 비행기와 달리 윙윙거리는 특유의 소리를 내는데 많은 사람들이 이를 듣고 드론이라고 부르게 되었다는 주장이다.

drone noun (1)

Save Word

\ ˈdrōn \

Definition of *drone* (Entry 1 of 3)

1 : a stingless male bee (as of the honeybee) that has the role of mating with the queen and does not gather nectar or pollen

2 : one that lives on the labors of others : PARASITE

3 : an unmanned aircraft or ship guided by remote control or onboard computers

4 a : DRUDGE sense 1

b : DRUDGE sense 2

// one of many office *drones*

❙그림 4 드론의 어원 출처: 메리엄 웹스터 사전

두 번째는 최초 영국에서 대공포 연습용으로 개발된 무인 비행기를 여왕벌(Queen Bee)이라고 불렀는데 미국에서 같은 개념의 무인 비행기를 개발하면서 영국에서 여왕벌이라고 부르니 이와 구별하기 위해 수벌(Drone)이라고 부르게 되었다는 이야기이다. 당시 대공포 등을 개발·연습하기 위한 표적으로서 비행기가 개발되었는데 사람이 탑승하지 않았고 Radio Control로 움직였다는 점에서 실질적인 최초의 드론이라고 생각할 수 있다.

┃그림 5 1941년 무선조종으로 움직이는 퀸비의 이륙을 보기 위해 기다리고 있는 윈스턴 처칠

출처: Imperial War Museums

최초의 드론은 지금과 같은 멀티콥터 형태가 아닌 일반적인 고정익 비행기 (날개가 움직이거나 프로펠러가 회전하지 않는 비행기) 형태로 지금 멀티콥터 드론과 같은 윙윙거리는 소리가 나지 않았던 것을 볼 때 두 번째 주장이 더욱 설득력이 있어 보인다.

나. 비행기 형태에 따른 구분

드론의 민간 사용이 많아짐에 따라 일반적으로 드론은 최근 사용하는 프로펠러가 복수로 달린 멀티콥터 비행체를 인식하게 되는 경우가 많다. 그러나 최초의 실전 드론(무인기)들이 고정익 형태의 항공기였음을 생각하면 이러한 생각이 반드시 옳은 것은 아니다. 드론에 대해 이해하기 위해서는 기본적으로 비행기의 형태에 대한 이해가 필요하다. 일반적인 항공기는 고정익과 회전익 두 가지로 구분할 수 있는데, 고정익은 비행기와 같은 형태를 의미하고 회전익은 헬리콥터와 같은 형태를 의미하여 이 두 가지가 혼용된 기체들도 다수 개발되고 있다.

1) 고정익 항공기

기체가 날개에 고정된 항공기를 의미하며 일반적으로 우리가 인식하고 있는 비행기 형태를 말한다. 고정익은 항공기의 전통적인 형태로서 속도가 빠르고, 장거리 운항이 가능하며, 공기역학적인 형태를 가지고 있어 연료 효율이 높고, 때에 따라서는 동력 없이도 어느 정도의 비행이 가능하다. 그러나 이착륙거리가 길고 정교한 조종이 어려우며 제자리에 멈춰 있을 수 없다는 점에서 한계가 있다.

▌그림 6 1903년 라이트 형제의 비행기

▌그림 7 일반적인 고정익 항공기

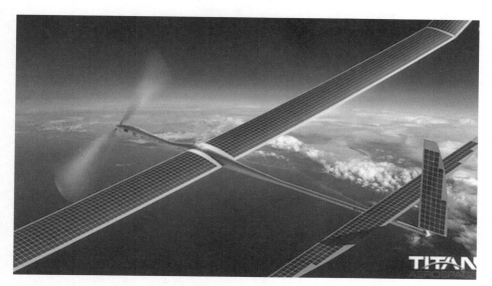

▌그림 8 고정익형 드론: 구글 드론

출처: Titan Aerospace

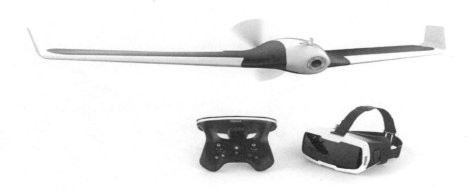

▌그림 9 일반인이 사용할 수 있는 저렴한 고정익 드론으로 인기를 끌었던 Parrot Disco. 1시
　　간 가까운 비행 시간 등으로 고정익 드론의 가능성을 보여 주었지만, 이착륙의 약점
　　및 회사의 재정난으로 단종되었다.

출처: Parrot

2) 회전익(Rotary Wing) 항공기

회전익 항공기는 회전하는 날개에 의해 비행하는 형태를 의미한다. 일반적으로 사용되는 헬리콥터나 드론 등을 대표적인 회전익 항공기로 볼 수 있다.

회전익 항공기는 날개에서 발생하는 양력을 이용하기 때문에 활주로가 필요없고 전후좌우 모든 방향으로의 비행과 정교한 조종이 가능하며 멈춘 상태의 비행인 정지 비행 비행이 가능하다.

그러나 비행고도의 제한이 있으며 속도가 느리다. 공기역학적으로는 매우 불리한 구조이기 때문에 동력이 없을 경우 활강이 어려워 바로 추락하게 되는 경우가 많고 같은 이유로 고정익 항공기에 비하여 속도나 연료 효율 면에서 불리한 점이 있다.

헬리콥터는 일반적으로 중심에 한 개의 로터, 꼬리에 한 개의 로터 등 두 개의 로터를 기본으로 하는 반면(테일 로터가 없는 기체들도 있다) 드론은 최소 3개 이상의 로터를 사용한다는 점에서 기존 헬리콥터의 형태와는 차이가 있다. 일반적으로는 회전 날개(로터)가 많을수록 안정성이 높아지게 되어 드론의 경우 4개에서 8개 이상까지 다양한 경우가 있다.

▌그림 10 DJI 매빅2 zoom. 매빅 시리즈는 우리나라를 비롯해 세계적으로 가장 큰 인기를 끈 DJI의 대표적인 드론이다. 4k 촬영, 7km의 조종 거리, 다양한 안전 센서 및 기체 안정성 등으로 드론계의 절대 강자가 되었지만, 보안성 문제가 지속적으로 지적되고 있다.

출처: DJI

▮그림 11 레오나르도 다빈치가 설계한 헬리콥터

▮그림 12 헬리콥터

┃그림 13 DJI 인스파이어2. 대중화된 촬영 드론 중 하나로서 방송국 등에서 촬영용으로 많이
　사용하는 기체 중 하나이다.　　　　　　　　　　　　　　　　　　　　출처: DJI

3) VTOL(Vertical Take-off and Landing)

일반적으로 고정익기와 회전익기의 특징이 혼합된 항공기를 의미하는데 수직 이착륙이나 공중 정지 비행이 가능한 고정익기를 의미한다.

회전익기와 비교하여 고정익기의 가장 큰 문제는 활주로 등 이착륙을 위한 상당한 공간이 필요하다는 점인데 이러한 문제의 극복이 가능하며 일단 이륙한 뒤에는 고정익기와 같은 비행이 가능하여 속도나 공기 저항의 면에서 일반 회전익기의 약점을 극복할 수 있다. 그러나 일반적인 고정익기에 비해 이륙 중량이 제한된다는 점과 기계적 복잡성이 증가하는 점이 약점으로 지적된다.[2]

---

2) 틸트 로터는 고정익과 회전익의 장점을 동시에 가지고 있으나 그만큼 기계적인 구조가 복잡하고 가격이 높다. 이러한 문제로 인해 기본적인 장점에도 불구하고 가격과 유지보수 면에서 불리한 점이 많아 크게 사용되지는 못하고 있다.

▮ 그림 14 AV-8B 해리어 전투기

▮ 그림 15 헬리콥터와 고정익기의 형태가 혼합된 틸트로터(tiltrotor)기. 미국의 CV-22B

▋그림 16 VTOL형 드론 출처 Ali-express

4) 드론의 발전

앞서 언급한 것처럼 최초의 드론은 고정익 형태였다가 최근 멀티콥터 기술의 발전과 함께 우리가 인식하는 일반적인 형태의 드론으로 변화하였다. 그러나 드론의 비행 시간과 비행 거리, 속도를 개선하기 위해서는 고정익기 형태가 유리하며 이와 같은 이유로 회전익기의 이착륙 편의성, 고정익기의 속도와 연료 효율 등을 고려한 VTOL 형식의 드론도 다수 개발되고 있다.

그러나 유인 VTOL 항공기의 경우 구조적 복잡성이 높아지고 유지보수 면에서 단순한 회전익 또는 고정익기에 비해 불리한 점이 있다. 이와 같은 이유로 VTOL형 항공기는 현재 크게 사용되지는 못하고 있다.

VTOL형 드론의 경우 항공기에 비해 비교적 구조가 간단하기 때문에 유인 VTOL형 항공기가 가지는 구조적 복잡성, 안정성, 유지보수의 문제 등에서는 문제가 적을 수 있다(완전히 해결된 것은 아니다).

그러나 VTOL형 드론은 항공역학상 일정한 크기 이상(기체 안정성과 양력을 확보할 수 있는)이 되어야 하므로 일반 드론에 비해 기체가 커지게 되며, 가장 큰 문제점은 이동 후 즉각 정지비행 하기가 어렵다는 점이다. 즉 수직 추진장치를 이용하여 이륙 후 목적지까지 수평 추진장치를 이용하여 이동하게 되면 일정한 목적 좌표까지는 적은 연료(전기)와 빠른 속도로 이동이 가능하나 이동한 지점에서 정지하기 위해서는 1분 이상, 빨라도 수십 초 이상의 시간이 소요된다. 이는 멀티콥터형 드론이 가지는 가장 큰 장점인 호버링과 이동이 손쉽다는 점을 놓치게 되므로 약점으로 지적될 수 있다. 이를 가정하면 근거리(1~2km) 활동의 경우 일반적인 회전익형 드론이 더 신속하게 이동할 수 있으며 중거리 이상 이동의 경우에는 VTOL의 장점이 극대화될 것으로 보인다.

따라서 향후 드론들은 사용 목적에 따라 기본적인 형태들이 발전될 가능성이 크다. 즉 공격이나 정찰 등 장거리, 장시간의 비행이 필요한 경우에는 고정익기가, 유지나 보수 촬영과 같이 정지상태나 좁은 지역에서의 활동이 많이 필요한 경우에는 회전익기가, 장거리 활동이 필요하지만 이륙 장소에 제한이 있는 경우에는 VTOL이 활용될 수 있으며, 비행 형태들은 각자의 한계를 극복하기 위해 기본적인 형태 내에서 지속적으로 기술개발이 이루어질 것이다.

다. 법률적 의미

앞서 드론의 어원과 의미에서 본 내용과 달리 법률적인 의미에서 드론은 다소 다른 개념을 가지고 있다. 즉 "유인 드론"과 같은 말은 법률적으로 매우 모순되는데 이는 실생활에서 이해하는 개념과 법률적으로 정의하는 개념이 다르기 때문이다.

법 제도적으로는 항공안전법과 드론촉진법(드론 활용의 촉진 및 기반조성에 관한 법률) 등 두 가지 법률에서 무인 항공기를 규정하고 있다.

1) 항공안전법상의 의미

항공안전법(구 항공법)은 항공기, 경량항공기 또는 초경량비행장치의 안전하고 효율적인 항행을 위한 방법과 국가, 항공사업자 및 항공종사자 등의 의무 등에 관한 사항을 규정하기 위한 것(항공안전법 제1조 목적)으로 드론과 관련된 가장 직접적인 법률이다. 동 법률에서는 초경량비행장치 중 무인 비행 장치를 드론으로 인식하여 왔다.

항공안전법에서는 비행체를 항공기, 경량항공기, 초경량비행장치로 구분하고, 초경량비행장치를 다시 동력비행장치, 행글라이더, 패러글라이더, 기구류 및 무인 비행 장치 등으로 구분하는데 드론의 경우 이 중에서 무인 비행 장치에 해당한다. 또한 항공안전법 시행규칙에서는 다시 무인 비행 장치 중 규정 이외의 것은 초경량비행장치에서 제외하고 있다. 이를 정리하면 항공안전법상 드론은 항공기와 경량항공기 이외의 것으로, 사람이 타지 않는 무인 비행 장치이며 자체중량이 150kg이 넘지 않는 것을 의미한다. 따라서 일반적인 멀티콥터형의 드론이라 하더라도 자체중량이 150kg이 넘거나 사람이 탑승하는 경우 등에는 항공안전법의 초경량비행장치가 아닌 항공기나 경량항공기에 해당하게 된다.

따라서 매빅과 같은 소형드론은 초경량비행장치(무인비행기)에 해당하게 되나 드론 택시와 같은 경우 항공기나 경량항공기로 분류된다. 또한 미국의 리퍼(MQ-5)와 같은 대형무인기(150kg 이상)의 경우에도 초경량비행장치에는 해당하지 않는다.

결국 전통적인 항공법 체계에 따를 경우 일반적으로 사용되는 150kg 이하의 멀티콥터형들은 초경량비행장치 중 무인비행장치로 규정된다.

❑ **항공안전법**

[시행 2020. 6. 9.] [법률 제17463호, 2020. 6. 9., 일부개정]

제2조(정의) 이 법에서 사용하는 용어의 뜻은 다음과 같다.
  3. "초경량비행장치"란 항공기와 경량항공기 외에 공기의 반작용으로 뜰 수 있는 장치로서 자체중량, 좌석 수 등 국토교통부령으로 정하는 기준에 해당하는 동력비행장치, 행글라이더, 패러글라이더, 기구류 및 무인비행장치 등을 말한다.

❑ **항공안전법 시행규칙**

[시행 2020. 11. 2.] [국토교통부령 제775호, 2020. 11. 2., 일부개정]

제5조(초경량비행장치의 기준) 법 제2조제3호에서 "자체중량, 좌석 수 등 국토교통부령으로 정하는 기준에 해당하는 동력비행장치, 행글라이더, 패러글라이더, 기구류 및 무인비행장치 등"이란 다음 각 호의 기준을 충족하는 동력비행장치, 행글라이더, 패러글라이더, 기구류, 무인비행장치, 회전익비행장치, 동력패러글라이더 및 낙하산류 등을 말한다.
  5. 무인비행장치: 사람이 탑승하지 아니하는 것으로서 다음 각 목의 비행장치
      가. 무인동력비행장치: 연료의 중량을 제외한 자체중량이 150킬로그램 이하인 무인비행기, 무인헬리콥터 또는 무인멀티콥터
      나. 무인비행선: 연료의 중량을 제외한 자체중량이 180킬로그램 이하이고 길이가 20미터 이하인 무인비행선

2) 드론법상의 의미

드론 활용의 촉진 및 기반조성에 관한 법률(약칭: 드론법)에서는 드론이라는 단어를 직접적으로 사용하면서 드론의 의미를 보다 직접적으로 규정하고 있다.

□ 드론 활용의 촉진 및 기반조성에 관한 법률(약칭: 드론법)

[시행 2020. 5. 1.] [법률 제16420호, 2019. 4. 30., 제정]

제2조(정의) ① 이 법에서 사용하는 용어의 뜻은 다음과 같다.

1. "드론"이란 조종자가 탑승하지 아니한 상태로 항행할 수 있는 비행체로서 <u>국토교통부령으로 정하는 기준</u>을 충족하는 다음 각 목의 어느 하나에 해당하는 기기를 말한다.
   가. 「항공안전법」 제2조제3호에 따른 무인비행장치
   나. 「항공안전법」 제2조제6호에 따른 무인항공기
   다. 그 밖에 원격·자동·자율 등 국토교통부령으로 정하는 방식에 따라 항행하는 비행체
2. "드론시스템"이란 드론의 비행이 유기적·체계적으로 이루어지기 위한 드론, 통신체계, 지상통제국(이·착륙장 및 조종인력을 포함한다), 항행관리 및 지원체계가 결합된 것을 말한다.
3. "드론산업"이란 드론시스템의 개발·관리·운영 또는 활용 등과 관련된 산업을 말한다.
4. "드론사용사업자"란 타인의 수요에 맞추어 드론을 사용하여 유상으로 운송, 농약살포, 사진촬영 등의 업무를 수행할 목적으로 「항공사업법」 제2조제23호에 따른 초경량비행장치사용사업 등 국토교통부령으로 정하는 사업을 영위하는 자를 말한다.
5. "드론교통관리"란 드론 비행에 필요한 각종 신고·승인 등 업무의 지원 및 비행에 필요한 정보제공, 비행경로 관리 등 드론의 이륙부터 착륙까지의 과정에서 필요한 관리 업무를 말한다.

② 제1항에 규정된 것 외의 용어에 관하여는 이 법에서 특별히 정하는 경우를 제외하고는 「항공안전법」 제2조 및 「항공사업법」 제2조에 따른 용어의 정의에 따른다.

□ 드론 활용의 촉진 및 기반조성에 관한 법률 시행규칙

[시행 2020. 5. 1.] [국토교통부령 제723호, 2020. 5. 1., 제정]

제2조(드론의 범위) ① 「드론 활용의 촉진 및 기반조성에 관한 법률」(이하 "법"이라 한다) 제2조제1항제1호에서 "국토교통부령으로 정하는 기준"이란 다음 각 호의 기준을 말한다.

1. 동력을 일으키는 기계장치가 1개 이상일 것
2. 지상에서 비행체의 항행을 통제할 수 있을 것

② 법 제2조제1항제1호다목에서 "원격·자동·자율 등 국토교통부령으로 정하는 방식에 따라 항행하는 비행체"란 다음 각 호의 어느 하나에 해당하는 비행체를 말한다.

▌그림 17 현대차에서 우버와 개발 중인 개인용 비행체(PAV)　　　　　　출처: 현대자동차

　드론법에서는 무인비행장치나 무인항공기 중에서 동력을 일으키는 기계장치가 1개 이상이고 지상에서 비행체의 항행을 통제할 수 있는 것들을 드론으로 규정하고 있다. 이는 초경량비행장치를 규정하고 있는 항공안전법보다 더욱 세밀하게 규정한 것으로 볼 수 있다.

　드론법의 경우 드론의 의미를 기존의 초경량비행장치보다 더욱 구체화하면서 동시에 국토부령에 의하여 드론을 대상과 범위를 규정할 수 있게 하여 드론의 의미를 유연하게 적용할 수 있게 하였다는 점에서 의미가 있다. 그러나 드론택시와 같은 유인형 멀티콥터가 포함되지 않았고 지상형 드론이나 수중형 드론 등 최근에 드론으로 호칭하거나 인식하는 소형 무인기기들에 대한 정의가 없다는 점에서 아직 한계가 있다.

▌그림 18 2019년 WDC(World Drone Congress)에서 전시된 유인 드론 Ehang(중국)

3) 드론 개념의 중요성

드론의 설계, 생산, 사용, 판매, 사업, 규제에 이르기까지 드론에 대해 정확한 개념이 정립되어야지만 정확한 법률적용이 가능하다. 일반인들이 인식하는 드론의 개념과 법률상의 개념이 달라진다면 많은 혼란을 초래할 수 있기 때문이다. 현재 가장 드론을 직접적으로 규정하고 있는 것은 드론법(드론의 활용의 촉진 및 기반조성에 관한 법률)이나 실제 드론의 제조, 수입, 판매, 등록, 운영 등의 경우 제조물책임법에서, 항공안전법, 공항시설법, 항공사업법, 전파법 등 단계와 내용별로 다양한 법률들의 규정을 받게 되므로 보다 종합적인 시각에서 접근할 필요가 있다. 앞으로 드론 택시나 드론 자가용 등 드론이라 이름을 붙인 유인기의 개발이 활발해짐에 따라 여객운수사업법 등 기타 여러 법률들이 연관된 가능성이 높다는 점도 주목할 필요가 있다.

현대차에서 개발 중인 드론 형태의 비행체나 일반적으로 드론 택시라고 부르는 것들은 현행법상에서 드론법상의 드론에 해당되거나 초경량비행장치에 해당하지는 않는다. 드론의 의미의 변화와 관련 법률에 대해서는 다음 장에서 조금 더 자세히 알아보고자 한다.

2. 드론의 확장

　드론과 관련된 개념, 기술, 시장은 지속적으로 확대하고 있으며 산업과 경제, 사회에 미치는 영향 역시 커지고 있다. 여기서는 드론이 어떻게 확장되는지에 대해서 알아보고자 한다.

가. 개념의 확장

　앞서 살펴본 것처럼 드론은 초경량비행장치 중 무인기를 의미하는 것으로 인식되고 있으나 드론이라는 의미 자체는 여러 방향으로 변하고 있다. 기술과 사용의 확대에 따라 드론이 의미하는 내용과 대상들이 더욱 넓어지고 있다.

1) 2010년 이전

　드론은 어원에서 본 것과 같이 원래 무인기, 그중에서도 보통 고정익형 무인 항공기를 의미했다. 고정익형은 일반적인 비행기 형태의 항공기를 의미하는 것으로 미군의 프레데터(MQ-1)와 같은 무인기를 의미했다. 이때의 드론이란 프레데터와 같이 사람이 타지 않은 군사용 무인 공격기나 정찰기를 의미하는 경향이 강했다. 이는 드론이 군사적 목적으로 최초로 개발되어 실용화하기 시작했을 때부터 민간 사용이 늘어나기 전까지 주로 인식되었던 개념이다. 2010년 이전은 아직 본격적인 대중화가 되기 전의 시간이다. 세계 최대의 민간 드론 기업 중 하나인 프랑스의 패럿(Parrot)이 1994년에 설립되었고, 중국의 DJI가 2006년, 미국의 3D 로보틱스가 2009년에 설립되면서 본격적인 드론의 대중화 시대를 준비하게 된다.

▮그림 19 미국의 MQ-1(프레데터). 대표적인 무인 공격기 중 하나이다.

2) 2010년 이후

그러나 민간의 드론 사용이 늘어나면서 드론은 군사목적형 고정익형 항공기보다 멀티콥터형 무인기를 일컫는 말로 주로 사용된다. 우리가 현재 일반적으로 생각하는 드론의 이미지와 유사한 것으로 멀티콥터(multi-copter) 즉 기체에 2개 이상의 로터(프로펠러)가 부착된 항공기를 의미하게 된다. 특히 멀티콥터형 무인기들은 벌과 유사한 윙윙거리는 소음을 내는 게 이러한 특유의 소음과 Drone (벌)의 의미가 유사하여 드론=멀티콥터라는 이미지가 더욱 굳어지게 된다. 미국의 3D로보틱스, 프랑스의 패럿, 중국의 DJI와 같은 민간드론 전문 회사들이 본격적으로 성장하게 되었고 드론의 민간사용이 급격하게 확대된다. 이때부터 드론은 값비싼 군사용 무기보다는 민간에서 사용하는 멀티콥터형 무인기로 많이 인식하게 된다.

▌그림 20 본격적인 민간 드론시대의 개막을 견인한 제품 중 하나인 DJI 팬텀2.　출처: DJI

3) 2015년 이후

2015년 이후 드론의 개념은 기존의 무인 항공기를 벗어나 더욱 확장된다. 이러한 개념은 법률적인 정의와는 별로도 사회적인 인식에 의한 것으로 드론이 더이상 무인기나 항공기를 의미하게 않게 점차 변화된 것을 의미한다.

(1) 유인 항공기로의 진화

드론은 기본적으로 무인 항공기를 의미하였다. 즉 사람이 탑승하지 않은 UAV를 의미하였으나 멀티콥터의 의미가 강해지면서 사람이 타고 비행하는 멀티콥터형 항공기도 드론이라 불리게 된다. 두바이의 드론 택시, 우버의 드론 택시 등 멀티콥터형 유인기도 드론이라고 부르는 경우가 많아지게 된다. 최근 현대에서 드론 비행기를 발표한 것처럼 세계의 주요 기업들은 멀티콥터형 비행체의 장점을 인식하고 무인기의 개념을 벗어나 사람을 태울 수 있는 드론 형태의, 정확히 얘기하면 멀티콥터 형태의 항공기 개발에 뛰어들고 있다. 한국에서는 2025년 상용화를 목표로 드론 택시 개발이 지속적으로 이루어지고 있으며 에어버스등 세계적으로도 많은 멀티콥터형 유인 항공기들이 개발되고 있다.

▌**그림 21** 에어버스에서 개발 중인 유인 드론. City Air Bus

(2) 항공기 개념에서의 변화

비항공기 개념으로의 확대: 유인기의 의미까지 포함되기는 했지만 기본적으로 드론이라는 의미는 항공기를 의미했다. 그러나 드론의 개념이 확장되면서 드론은 소형 이동물체, 소형 로봇 등의 의미로 확장된다. 즉 공중 외에 수중, 수상, 지상형 무인기도 드론이라고 부르게 된다. 낚시 및 수중 정찰에 사용되는 수중 드론, 수상에서도 이동이 가능한 수상 드론, 지상에서 움직이는 무인기기까지 드론이라고 부르게 된다.

UUV(unmanned underwater vehicle)

UGV(unmanned ground vehicle)

▮ 그림 22   2019년 중국 선전에서 개최된 WDC(World Drone Congress)에서 전시된 지상
형 드론

▋그림 23 2019년 중국 선전에서 개최된 WDC(World Drone Congress)에서 전시된 지상형
드론

드론 의미의 중요성: 드론은 정식 용어가 아니기 때문에 굳이 이를 정확하게 규정할 필요가 있는지에 대해서 의문을 가질 수 있다. 그러나 드론의 의미에 따라서 항공안전법이 적용될 수도 있고 도로교통법이 적용될 수도 있다. 드론의 제조, 수입, 판매, 운영, 개발까지 염두에 두는 경우 드론의 의미는 더욱 중요해지게 된다. 그러나 최근 드론이라는 의미가 유인기와 수중, 지상형 탈것까지 확대되고 있어 이를 규정하는 것이 쉽지 않은 상태이다. 또한 최근 개발되는 일부 드론들은 수중과 공중, 지상과 공중을 동시에 이동할 수 있는 것들도 있다.

장기적으로는 현재의 항공체계와 위협성을 고려할 때 드론과 무인이동기기의 개념을 구분할 필요가 있어 보인다. 즉 드론은 육상형과 수중형 등을 무인기를 제외하고 비행기체를 중심으로 개념을 정립할 필요가 있다. 또한 PAV와 같은 유인기는 별도의 명칭으로 규정할 필요가 있다. 이러한 개념 규정은 단순해 보이지만 이전에 언급한 것처럼 산업전반에 큰 영향을 미칠 수 있으며 위협이나 테러의 대비에서도 중요한 개념이 될 수 있다.

나. 드론 산업과 시장의 확대

드론 사용의 확대와 함께 드론 시장이 급격하게 성장하고 있다. 2020년 세계 드론 시장 규모는 약 100억 달러(12조 원)를 넘을 것으로 예상되며 2026년에는 약 760억 달러(90조 3,000억 원)까지 성장할 것으로 예상되고 있다.

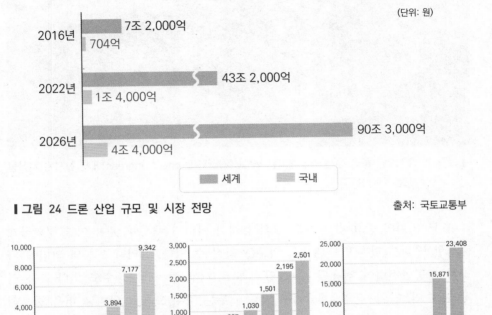

▍그림 24 드론 산업 규모 및 시장 전망

출처: 국토교통부

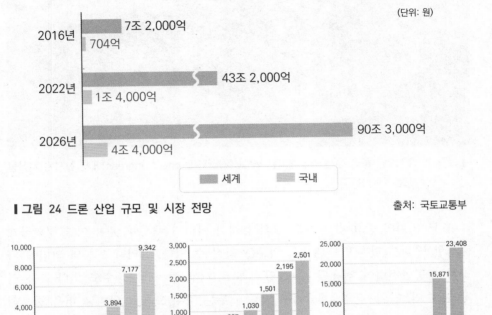

드론 기체 신고(대)　　　드론 사용사업체(개)　　　조종자격 취득자(명)

▍그림 25 드론 시장 주요지표 추이('19.6월, 누적 기준)

출처: 국토교통부

　　　여기서 주목해야 할 두 가지가 있는데 첫 번째는 드론 민간 사용의 급격한 성장에도 불구하고 드론 시장의 경우 민간보다 군사 및 공공 부분의 규모가 훨씬 크다는 점이다. 드론의 민간 사용이 증가하고 있지만 군사적 효용성 역시 높아지고 있으며 정찰 목적과 함께 다목적형 군사 드론 산업 역시 크게 증가할 것으로 보인다. 현재 군용 드론 시장의 규모는 약 70%로, 소비자 시장 13%, 상업 시장 17%보다 훨씬 큰 규모를 형성하고 있으며 이러한 비중은 앞으로도 지속될 것으로 보인다. 예를 들어 미국의 MQ−9(리퍼)의 경우 대당 약 3,000만 달러(350억 원)상당인데 이는 DJI의 글로벌 베스트셀러 드론인 팬텀3 약 1만 7,000대를 살 수 있는 가격이다. 드론의 군사적 유용성은 지속적으로 성장하고 있으며 따라서 군용 드론 시장 규모 역시 지속적으로 성장할 것으로 예측된다.

┃그림 26 현재 미국의 군사용 주력 무인기인 MQ−9.

┃그림 27 DJI의 팬텀3. 당시 DJI 매출의 70% 상당을 차지하면서 DJI를 세계 최고의 드론 회사로 이끈 모델

두 번째는 드론 활용 시장의 전망이다. 국내 드론 산업의 경우 드론 제작 시장보다 활용 시장의 규모가 3배 이상 큰 것으로 나타났으며 이러한 추세는 앞으로도 계속될 것으로 보인다고 전망하였다. 현재 민간 드론 시장은 중국의 DJI 등 일부 회사가 90% 이상을 독점하면서 시장지배력이 강화되고 있으며 국내 드론업체들의 경우 경쟁이 쉽지 않다. 그리고 이러한 시장 상황은 당분간 지속될 것으로 보인다.

그러나 드론의 활용 시장이 제작 시장보다 훨씬 큰 규모임을 감안할 때 제작 시장에서는 국내 드론 산업의 가능성이 있을 수 있다. 방송 촬영 시에는 일본의 소니(Sony) 카메라를 이용하지만 수출되는 한류 콘텐츠는 별도의 시장을 형성하는 것처럼 드론의 활용 시장 역시 아직 많은 가능성을 가지고 있다고 볼 수 있다.

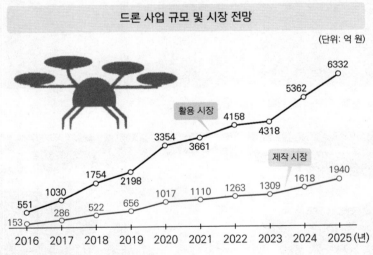

드론 사업 규모 및 시장 전망

(단위: 억 원)

활용 시장

- 551 (2016), 1030 (2017), 1754 (2018), 2198 (2019), 3354 (2020), 3661 (2021), 4158 (2022), 4318 (2023), 5362 (2024), 6332 (2025)

제작 시장

- 153, 286, 522, 656, 1017, 1110, 1263, 1309, 1618, 1940

2016 2017 2018 2019 2020 2021 2022 2023 2024 2025 (년)

▌그림 28 드론 사업 규모 및 시장 전망

현재 국내 드론 업체들의 규모 및 기술력으로는 세계 시장에서 직접 경쟁하기가 힘들다. 중국은 앞선 기술력과 자금, 인력을 지속적으로 투입하여 드론 시장을 지속적으로 공략하고 있는 반면 국내에서는 대기업의 진출 규제와 인력, 자금의 부족으로 민간 드론 시장에서 이를 극복하는 것은 매우 어려운 상태이다. 그러나 앞서 언급한 것처럼 보안성이 중요한 군용 드론 시장과 드론의 활용 시장의 경우 아직 여러 가지 가능성이 남아 있는 상태라고 할 수 있으며 이 분야의 성공 여부가 국내 드론 시장의 성공을 결정할 가능성이 높다.

다. 드론 기술의 발전

드론 기술 역시 급격하게 발전하고 있다. 드론은 여러 가지 첨단 기술의 집합체인데 관련된 주요 기술로는 통신, 배터리, 인공지능, FC(Flight Control), 추진 시스템 등이 있으며 여러 분야에서 이러한 기술들의 성장 속도 역시 매우 가파르다.

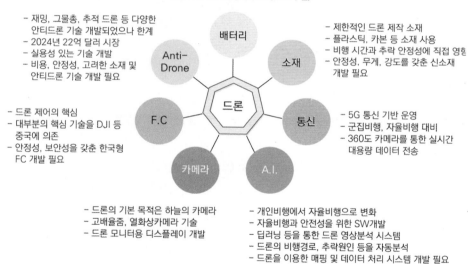

- 드론의 비행 시간을 결정
  (현재 최대 30분, Mavic2)
- 드론 가격의 20~40%를 차지
- 2026년 기준 전 세계 배터리만 80조 원
  상당 시장 규모 예상 (국내 3,000억 원)

- 재밍, 그물총, 추적 드론 등 다양한
  안티드론 기술 개발되었으나 한계
- 2024년 22억 달러 시장
- 실용성 있는 기술 개발
- 비용, 안정성 고려한 소재 및
  안티드론 기술 개발 필요

- 제한적인 드론 제작 소재
- 플라스틱, 카본 등 소재 사용
- 비행 시간과 추락 안정성에 직접 영향
- 안정성, 무게, 강도를 갖춘 신소재
  개발 필요

- 드론 제어의 핵심
- 대부분의 핵심 기술을 DJI 등
  중국에 의존
- 안정성, 보안성을 갖춘 한국형
  FC 개발 필요

- 5G 통신 기반 운영
- 군집비행, 자율비행 대비
- 360도 카메라를 통한 실시간
  대용량 데이터 전송

- 드론의 기본 목적은 하늘의 카메라
- 고배율줌, 열화상카메라 기술
- 드론 모니터용 디스플레이 개발

- 개인비행에서 자율비행으로 변화
- 자율비행과 안전성을 위한 SW개발
- 딥러닝 등을 통한 드론 영상분석 시스템
- 드론의 비행경로, 추락원인 등을 자동분석
- 드론을 이용한 매핑 및 데이터 처리 시스템 개발 필요

Anti-Drone / 배터리 / 소재 / 드론 / F.C / 통신 / 카메라 / A.I.

▌그림 29 드론 관련 중요 기술

1) 5G 통신 기술

드론은 무인 비행체로 유인 비행기에 비하여 통신 기술이 매우 중요하다. 통신기술에 따라 드론의 조종 거리나 조종 안정성, 응답 속도 등이 달라지게 되며, 특히 조종 거리는 드론의 조종에 가장 직접적인 영향을 미친다. 일반적인 직접 통신 방식, 조종기와 기체 간 직접 전파를 이용하는 방식의 경우 조종 거리는 최대 7km 정도이나(DJI매빅, DJI인스파이어 기준. 실제 사용 시에는 이보다 훨씬 줄어든다) LTE와 같은 통신망을 이용하는 경우 실질적인 조종 거리 제한은 없어진다고 보아야 한다. 5G 기술의 경우 LTE의 수백배에 달하는 데이터 전송이 가능하기 때문에 조종 거리와 함께 드론으로부터 받을 수 있는 실시간 정보의 양도 급격하게 증가하게 된다. 단 전파 특성상 데이터 대역폭과 전파 도달 거리는 기본적으로 반비례하기 때문에 5G망을 사용한다고 하여 LTE를 사용하는 경우보다 조종 거리가 증가하지는 않는다.

그러나 5G 기술이 중요한 이유는 데이터양이다. 5G 기술을 이용하는 경우 실시간으로 Full HD 영상전송을 넘어 실시간 4k 이상의 영상 전송이 가능할 것으로 기대되며 영상의 화질 이외에도, 다양한 정보의 전송이 가능하다. 많은 영상 데이터 및 기타 정보를 전송할 수 있는 5G 기술은 현재 드론과 관련된 핵심 기술 중의 하나이며 군집 비행, 주파수 사용과 관련해서도 중요한 의미를 갖는다. 일반적인 드론의 경우에는 현재와 같이 조종기와 드론 간의 직접적인 통신이 주가 될 것이다 드론이 상업적으로 이용되는 경우나 드론 교통망인 UTM(UAS Traffic Management) 등 드론의 향후 시스템을 고려할 때 5G 기술은 필수적인 기술이 될 것으로 추정된다.

2) 배터리

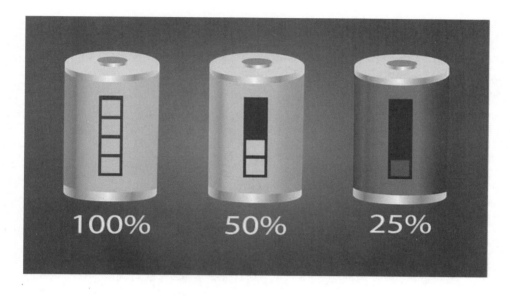

현재 드론의 가장 큰 약점으로 손꼽히는 것은 비행 시간 문제이다. 일반적으로 배터리를 사용하든 드론의 경우 20~30분 이내의 비행 시간을 갖는데 드론의 자동 복귀 기능(RTH: Return To Home: 배터리 저하나 통신 이상 시에 최초 이륙 위치로 자동 귀환하는 기능) 등을 고려할 때 실제 비행 시간은 이보다 훨씬 짧아 일반적으로 15~20분 정도를 비행 시간으로 보고 있다. 이는 드론 사용에 있어서 가장 큰 제약 중 하나이다. 전기자동차와 드론, 각종 스마트 기기의 발전에 따라 배터리에 대해서 많은 투자와 연구가 진행되고 있지만 획기적인 배터리 기술이 개발되지 않는 이상 현재의 비행 시간을 극복하기는 매우 힘들다.

이에 대한 대안으로 태양광을 이용한 충전 기술, 수소연료전지 드론, 단거리 무선 전력전송 기술, 유선 드론, 화석연료를 사용한 드론 등 다양한 시도가 이루어지고 있지만 여러 가지 한계를 지니고 있다. 수소연료전지 드론은 2시간 이상의 장시간 비행이 가능하지만 수소의 안정성과, 연료탱크의 크기와 무게로 인한 문제를 극복하지 못하고 있고, 단거리 무선 전력전송 기술은 효율성과 비용 문제가, 화석연료 드론은 비환경성과 연료 효율성, 범용성(연료를 갖고 다녀야 하며 어디서나 충전하여 사용이 불가능) 문제가, 태양광 드론은 고고도에서 제한적으로만 사용될 수 있다는 문제, 유선 드론은 이동이 불가능하다는 점에서 각각 한계를 가지고 있다. 따라서 드론의 배터리 문제는 지속적으로 연구되어야 할 중요한 문제이다.

▌그림 30 구글에서 인터넷 드론업체인 "타이탄 에어로스테이스"를 인수하여 추진하다 중단된 태양광 드론을 이용한 무선인터넷 서비스 "스카이벤더". 드론보다 열기구를 이용하는 것이 훨씬 효과적이라고 판단하였으며 배터리의 비용과 효율 등이 중요한 문제였을 것으로 추정된다. 　　　　　　　　　　　　　　　　　　　　　　　　출처: Google

실제 드론에서 배터리가 차지하는 비용적 부문도 매우 큰데 실질적으로는 드론 가격의 30% 이상을 배터리가 차지하는 것으로 추정된다. 또한 드론의 다른 부품들과는 달리 배터리의 경우 소모품의 개념이므로 실제 비용은 더욱 높은 부분을 차지한다고 볼 수 있다.

배터리를 비롯한 드론의 연료 문제는 드론의 실용성과 경제성을 결정짓는 핵심 기술 중 하나가 될 것이다. 드론 외에도 전기자동차, 로봇, IT기기 등과 연계된 배터리 기술은 미래 산업을 결정할 가장 핵심적인 기술로 평가받고 있다.

3) 인공지능

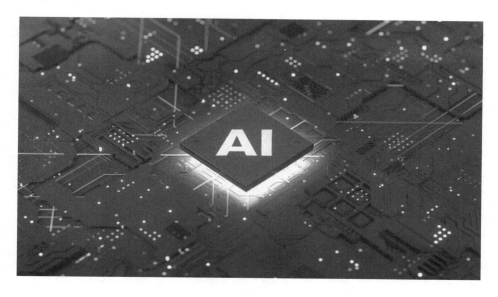

　현재의 대부분의 드론은 사람의 시계(視界) 또는 드론의 카메라를 이용하여 조종하는 것으로 기본적으로 RC(Radio Control) 형태의 무인 항공기이다. 최근의 드론들은 웨이포인트 기능(waypoint: 지점을 포인트까지 자동비행하는 기능)등을 탑재하고 충돌방지센서 등을 결합하여 자율비행을 추구하고 있지만 현재까지는 기초적인 수준이다. 그러나 드론이 발전함에 따라 사람의 직접 조종보다 자율비행이 늘어날 가능성이 높다. 이는 드론의 사용 목적을 고려할 때 사람이 직접 조종하는 것보다 자율적인 판단을 통해 비행하는 것이 훨씬 효율적이기 때문이다. DJI에서는 드론에서 프로펠러만 제거하면 로봇과 다를 바 없다고 주장하고 있으며 최근에는 코딩과 조종이 동시에 가능한 지상 이동형 로봇을 개발하여 판매하기도 하였다. 드론과 관련된 인공지능(Ai, artificial intelligence) 기술 역시 급격하게 발전할 것이며 드론의 자율비행에서 시작하여 군집비행, 임무비행(실종자 수색이나 위반 차량을 자율적으로 판단하여 임무를 수행) 등이 더욱 고도화될 가능성이 높다. 농약살포나 유지보수 등과 관련된 작업의 경우에도 AI의 효율이 높을 것으로 예상되며 자율비행이나 조종 외에 영상분석 등의 경우에도 AI가 활용될 분야가 점점 더 확장되고 있다. 민간 외 군사분야의 경우 더욱더 정밀하고 신속한 판단을 요구하는 AI 기술이 필요하며 이는 향후 AI 기술과의 융합을 통

해 많은 발전이 이루어질 수 있는 분야이다. 따라서 AI의 확장은 드론 기술 발전에 있어 매우 중요한 부분을 차지하고 있다.

▌그림 31 코딩이 가능하도록 출시된 교육 로봇 로보카스터　　　　　　출처: DJI

4) 추진 시스템

현재 드론의 경우 일부 군사용 드론을 제외하고는 대부분 프로펠러를 사용하고 있다. 프로펠러 드론은 비용이 저렴하고 만들기가 쉽다는 장점이 있지만, 프로펠러에 의한 소음, 프로펠러와의 충돌로 인한 위험성 등 여러 가지 문제점이 있다. 따라서 프로펠러 시스템을 극복할 만한 새로운 추진 시스템은 드론의 중요한 숙제 중 하나이다. 프로펠러를 대체하기 위한 여러 가지 연구들이 진행되고 있으며 프로펠러를 대체할 만한 새로운 추진 시스템의 효율성이 입증된다면 드론은 새로운 단계로 발전할 수 있을 것이다.

비가 와도 비행 가능한
무음 드론 개념도

▌그림 32 무음송풍 기술을 활용한 프로펠러 없는 드론 개념도　　　　출처: 탁승호 박사

▌그림 33 멕시코 출신 에드가 에레라(Edgar Herrera)가 디자인한 프로펠러 없는 드론. 콘셉트
제품.

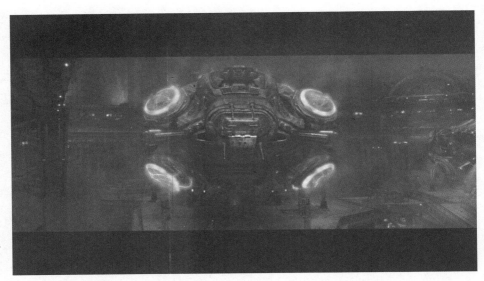

■ **그림 34** 영화 〈매트릭스〉 내 비행선 느부갓네살. 현재의 드론과 유사한 부분들이 많으며 특히 추진 시스템을 눈여겨볼 필요가 있다.

5) 드론의 발전 방향

결국 드론과 관련된 기술들의 발전에 힘입어 드론은 더 빨라지고, 더 조용해지며, 더 멀리 비행하고, 더 오래 비행하고, 더 똑똑해지며 그리고 더 저렴해질 것이다. 그리고 이러한 드론 기술과 산업의 발전은 드론을 크게 성장시킬 것이다.

그러나 이러한 기술의 발전과 함께 우리 주변에는 더 빠르고, 조용하고, 똑똑한 드론들이 우리를 위협하게 될 것이다. 그것은 과거 비행기가 그랬던 것처럼 하늘을 나는 작은 꿈에서 시작해서 무기와 폭탄을 실은 전쟁 무기가 될 수도, 그리고 제주도로 떠나는 비행기와 같이 어쩌면 당연한 듯이 우리 생활의 일부가 될 수도 있을 것이다.

라. 사회적 인식의 변화

정부는 2017년 국내 드론산업에 1조 4,000억 원을 쏟겠다고 하면서 드론하이웨이 등 드론 산업 10년을 이끌 발전 계획을 발표하였다[3]. 대학에서는 드론전

---

3) 국토부, 드론 산업 규모 5년 내 20배 육성 위한 종합계획 발표.https://www.gov.kr/portal/ntnadmNews/1280999(2017.12.21.)

공학과가 개설되었으며, 드론 자격증 취득 열풍과 함께 군, 경찰에서도 드론 전문인력을 육성하고, 드론을 통한 농약살포 등의 산업이 성장하는 등 국내에서도 드론산업을 지속적으로 성장하고 있다. 이제 공사나 측량 현장에서 드론을 사용하는 것은 일반적인 풍경이 되었으며 드론의 사용 범위와 대상 역시 지속적으로 확대되고 있다.

2020년 경찰에서는 드론 관련 전문인력 특채가 이루어졌으며 군에서는 드론봇 전투단 등을 창설하였다. 정부에서는 공공 분야의 수요를 중심으로 드론 산업을 활성화할 예정이며 이러한 정부의 움직임에 따라 드론은 과거의 RC 등과는 달리 전문적인 직업과 기술로 인정받기 시작했다.

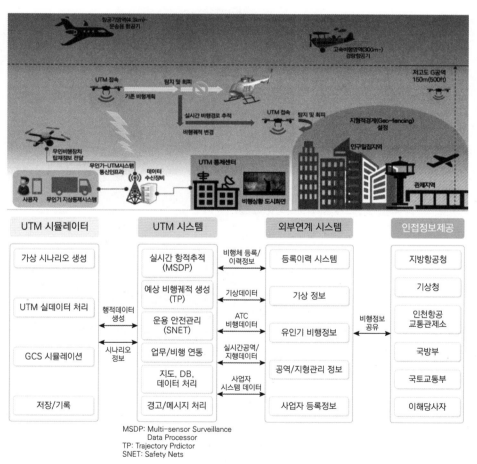

┃그림 35 K드론 시스템 운용 개념도   출처: 국토교통부

그러나 드론의 경우 기존 RC 비행기나 헬기에 비해서 극적일 정도로 조종이 쉽기 때문에 일반적인 비행기술이나 조작기술만으로는 경쟁력을 갖기 힘들며 자율비행기술의 발전이나 센서의 확대 역시 이러한 경향을 뒷받침할 것으로 보인다. 반면 드론 기술개발이나 프로그래밍, 유지보수, 영상분석 등 단순한 조종을 넘어선 새로운 직업 분야가 성장할 가능성도 높으며 각각의 임무에 특화된 기술이 더욱 세분화하고 전문화할 가능성이 높다.

정부에서는 5세대 이동통신(5G)·인공지능(AI) 등 첨단기술에 기반한 한국형 무인교통관리시스템(UTM, UAS Traffic Management)으로 K－드론 시스템을 개발하여 운영할 예정이며 관련된 규제혁신과 법제도 정비, 시범사업 등이 활발하게 진행되고 있다.

결국 드론은 기본의 군사무기 인식에서 개인 취미용 인식을 넘어 공적 사용 기기라는 인식으로 변화하고 있다.

▌그림 36 드론 시범사업 분야　　　　　출처: 드론산업 발전 기본계획 보도자료(정부)

마. 드론 위협의 확대

이처럼 드론과 관련된 개념과 산업, 기술, 시장, 사회적 인식까지 드론과 관련된 많은 것들이 급격하게 변화면서 확장되고 있다.

그러나 대부분의 기술이 그러한 것처럼 기술 발전이 항상 긍정적인 것만을 가져오는 것은 아니다. 청동기와 철기의 발견, 기차나 자동차, 비행기와 같은 기술의 발전은 편리함과 동시에 많은 위협을 가져왔으며 이는 기술의 양면성을 보여 주는 것이었다. 청동기와 철기의 발견은 농업 생산성을 향상시켰지만 무기들로 만들어진 기술은 수많은 사람들을 죽이거나 부상당하게 하였다. 자동차와 비행기는 편리하지만 그로 인한 부상자와 사망자 수는 전쟁으로 죽는 사람을 훨씬 넘어서고 있다.[4] 전쟁에서 무기로 직접 사용된 자동차나 전차 비행기를 포함할 경우 그 수는 더욱 늘어날 것이다. 가축의 사육 기술은 인구를 늘렸지만 새로운 전염병이 생겼고 산업혁명 이후 수많은 생산시설로 인한 환경오염이나 피해는 규모를 걷잡을 수 없을 것이다.

드론 역시 이러한 기술의 양면성을 고스란히 가지고 있다. 드론은 우리 주변의 생활을 편리하게 하면서 점점 확장되고 있지만 과거의 기술들이 그러했던 것처럼 우리 주변의 드론 기술로 인한 위협 역시 급격하게 증가하고 있다.

더 조용하고, 더 빠르고, 더 멀리 비행하고, 더 오래 비행하며, 더 똑똑하면서, 더 많이 사용되는 드론은 더 조용하고 빠르고 멀리서 똑똑하게 그리고 더 자주 우리를 위협하기 시작했다.

---

4) "More Americans have died in car crashes since 2000 than in both World War" Washington Post 2019.7.21.
https://www.washingtonpost.com/local/trafficandcommuting/more－people－died－in－car－crashes－this－century－than－in－both－world－wars/2019/07/21/0ecc0006－3f54－11e9－9361－301ffb5bd5e6_story.html

드론의 위협

1. 드론 위협의 확장

가. 최근의 사례

2019년 9월 15일 사우디아라비아에서 발생한 드론에 의한 정유시설 테러는 전 세계를 경악시켰다. 위 공격은 다수의 드론에 의해 이루어졌는데 10~17대의 드론[1]들이 약 500km를 날아가 정유시설을 공격한 것으로 추정되며 이 공격으로 사우디 정유시설 생산량이 반으로 줄었고 세계경제가 출렁일 정도의 충격을 주었다. 이때 사용된 드론은 대당 약 2,000만 원 정도로 추정되는데 대략 20만 달러(2억 5,000만 원) 정도의 비용으로 전 세계적으로 7조 6,000억 달러(8,409조 원) 상당의 경제적 영향(석유생산 감소로 인한 전 세계 주가 하락분[2])를 입힌 것으로 추정된다. 당시 공격은 예멘의 후티 반군이 자신들의 소행이라고 주장하였으나 미국에서는 이란이 공격을 주도한 것으로 주장하였다.

사우디의 드론 공격이 세계적인 충격을 준 이후 전 세계적으로 드론의 위협성이 급격하게 부각되기 시작하였다. 안티 드론(Anti-Drone) 관련 콘퍼런스와 회의가 계속 개최되고 전문가들이 모여 드론의 위협에 대한 방어 방법을 고민하기 시작하였으며 언론 역시 드론 위협에 대해 지속적으로 강조하였다. 그러나 이런 드론의 위협은 갑자기 시작된 것이 아니다. 중동지역에 한정하더라도 2019년 1월에 아덴 공군기지에 드론 공격을 가하여 6명이 사망한 것을 비롯하여 2019년 5월에 사우디의 석유펌프장이 드론에 피습을 당하는 등 2019년에만 이미 5건 이상의 드론 공격이 시도되었다.

드론에 의한 공격을 조금 더 거슬러 올라가면 4년 전인 2016년까지 가는데 IS는 2016년 10월에 드론을 이용한 첫 폭탄 공격을 시도하였는데 이 공격으로 4명이 죽거나 다쳤다. 이후 드론의 효과를 확인한 IS에서는 드론을 적극적으로 활용하기 시작하였는데 첫 드론 공격이 있은 지 채 4개월이 지나지 않아 이라크와 시리아에서 공격용 드론으로 약 12회의 폭탄 공격이 이루어졌다. 저렴한 비용으로 손쉽게 목표물을 공격할 수 있는 드론은 테러단체의 입장에서는 가장 사

---

1) 반군은 10대, 미국 정보부는 17대 이상의 드론이 공격에 사용된 것으로 파악하고 있다.
2) 전 세계 증시는 대략 86조 6,580억 달러로 추정되며(블룸버그) 사우디아라비아의 드론 공격으로 인한 원유생산량 감소로(전 세계 원유생산량의 5% 가량) 전 세계 증시가 최대 10% 가량 폭락하였다.

용하기 좋은 수단 중 하나이다. 드론은 저렴하고 조종이 쉬우며 개조가 쉽고 흔적이 남지 않는다는 점에서 테러에 매우 적합하며 이는 동시에 새로운 기술에 의한 위협이 우리 주변에 다가온 것을 의미한다.

▌그림 1 전 세계에 드론의 위험성을 본격적으로 알린 사우디아라비아 드론 공격 사건

출처: 로이터 통신

▌그림 2 공격당한 아브콰이크 정유시설

출처: 뉴욕타임스

▌그림 3 사우디 정유시설 공격에 사용된 것으로 추정되는 콰세프-1(Qasef-1) 드론. 예멘 반
군은 자신들이 개발한 것이라 주정했지만 실질적으로 이란 드론 모델을 기반으로 개
조된 것으로 추정된다.

이처럼 드론을 이용한 테러나 공격이 이루어진 것은 이미 오래전의 일이었으
며 이에 대한 경고도 지속적으로 이루어지고 있었다. 다만 사우디의 테러가 불러
온 영향력이 워낙 컸기 때문에 전 세계적으로 드론 테러에 대한 경각심을 크게 일
깨우는 계기가 된 것이라고 볼 수 있다.

나. 드론의 본질 - 군사 무기

드론 위협이 가시화되면서 많은 사람들은 순수한 민간 목적으로 개발된 드론
이 점점 발전하면서 위협을 가져오기 시작한 것이라고 생각하는 경향이 많다.
그러나 앞서 살펴본 것처럼 드론의 발전 역사를 볼 때 드론은 본질적인 목적은
군사 무기였다. 즉 최근 드론의 민간 사용 특히 쿼드콥터형의 민간 사용이 늘어
나면서 드론은 취미, 레저, 촬영 등에 사용하는 친숙한 이미지가 되었지만 이전
부터 사용되었고 앞으로도 가장 많이 사용될 드론의 목적은 정찰 및 공격을 위
한 무인기이다.

드론은 20세기부터 본격적으로 무기화되어서 사용되기 시작하였는데 CNN과

인터뷰한 미국 드론 조종사 브랜던 브라이언트는 자기 혼자 1,623명을 드론으로 사살하였으며 이 중 민간인 및 아이가 다수 포함되어 있다고 진술하였다. 드론 공격과 관련된 미국의 비밀문건 중 하나인 드론페이퍼에서는 테러용의자들을 향한 드론 공급 피해자의 90%가 민간인이라고 하였으며 파키스탄 드론 공격으로 최소 2,362명에서 3,325명의 민간인이 사망하였다는 보고도 있었다.

실질적인 최초의 드론인 Qween Bee가 1932년에 개발되었고, 본격적인 현대 공격기인 프레데터(MQ-1)가 1995년에 배치되었던 것을 고려하면 최근의 드론 공격은 전혀 놀라운 일이 아니다. 즉 IS에서 드론 공격을 본격적으로 시작하기 20여 년 전부터 미국 등에서 드론을 본격적인 무기로 사용해 온 것이다. 다만 과거 고급 기술의 집합체였던 드론이 저렴해지고(MQ-1 프레데터는 대당 약 50억 원 상당) 쉽게 이용할 수 있게 되면서 그 위험성이 퍼진 것에 불과한 것이다.

▌**그림 4** 본격적인 현대 무인 공격기 프레데터 MQ-1(미국). 헬파이어 미사일 대당 약 450만달러.

▌그림 5 MQ-9 리퍼(미국). 프레데터의 후속기라는 개념에서 프레데터 B라고도 한다. 프레데터 A에 비해 5배 상당 중량의 무장이 가능하다. MQ-1과 비슷해 보이지만 꼬리날개의 형태로 쉽게 구분이 가능하다.

▌그림 6 제너럴 아토믹스 어벤저 프레데터 C라고도 부른다. 프레데터 B에 비해 50% 더 빠르고 2배의 무장을 탑재 가능하다.

이처럼 드론은 본질적으로 군사 무기에서 출발하였으며 현재도 가장 많은 사용이 군사적 목적으로 이루어지고 있다는 점이 드론 위협의 본질이라고 할 수 있다.

따라서 사우디의 정유시설 공격은 드론이 특별한 목적으로 진화한 것이 아니라, 드론이 가장 원초적인 목적으로 사용된 사례라고 할 수 있다(고정익형 드론이 사용되었다는 점도 이를 뒷받침한다).

다. 드론 위협의 심화

드론의 본질이 군사 무기이긴 하였지만 최근 드론 위협들은 이와 다른 양상을 가지며 심화되고 있다. 무엇이 드론의 위협을 가속화하고 있는 것인가?

1) 드론의 대중화

군사 무기로 사용된 MQ-1과 같은 무인 공격형 드론들은 대당 수십~수백억 원 상당의 고가의 기체였으며 이를 컨트롤하기 위해서도 위성과 위성통신, 통제소 같은 고도의 전략기지가 필요했다. 그러나 사우디에서 사용된 드론은 대당 2,000만 원 정도의 가격에 불과하였으며 심지어 IS가 테러나 공격에 사용하는 드론들은 몇 십만 원 상당의 드론을 이용하기도 한다. 가격이 저렴해지면서 드론을 쉽게 구입하거나 조립할 수 있게 되었고 아마존과 같은 온라인 마켓을 통해 누구라도 쉽게 관련 부품들을 구할 수 있게 되었다. 또한 세밀한 조종이 필요했던 과거 고정익형 드론과는 달리 최근의 드론들은 매우 쉽고 안정적으로 조종이 가능하다. 실제 호버링 기능이 있는 최신 드론들의 경우 초보자라 하더라도 1시간 정도면 기본적인 비행을 배울 수 있다. F-15K 전투기 한 대를 구입할 예산이면 대당 200만 원 상당의 드론 약 10만 대를 구입할 수 있다. 이처럼 저렴해진 비용과 쉬운 조종 방식에 의해 드론은 어디서든 쉽게 사용할 수 있게 되었다. 과거의 군사 무기와는 달리 드론은 배낭이나 가방에 넣어가지고 다니면서 사용할 수 있는 시대가 되면서 군사 무기와는 또다른 형태의 위협이 된 것이다.

또한 드론의 대중화에 따라 드론을 촬영이나 개인 용도로 사용하는 경우가 급격히 늘어나게 되는데 이에 따라 공항 등 위험지역에서의 드론 출현, 공공장소에서의 드론 추락, 드론 불법촬영 등 일상적인 사용에서의 위협 역시 급증하고 있다.

▋그림 7 2019년 6월 이란이 대공방어 시스템으로 격추한 미국의 Rq-4 글로벌호크

출처: 위키피디아

과거의 드론은 명백한 군사 무기였기 때문에 기존의 항공방어 시스템을 통해 방어가 가능했다(물론 유인기에 비해서는 탐지나 대응이 어려운 것은 사실이다). 레이더에 의해 포착이 가능하고 일반 무기에 의해 타격이 가능한 정도의 수준을 유지했다고 볼 수 있다. 군사 무기로서의 위협에 있었지만 군사 무기로 대응이 가능했다고 하면 현대의 소형 드론은 이와는 전혀 다른 위험성을 갖는다. 전차에 대한 대응과, 일반 차량에 대한 대응이 다른 것처럼 최근 드론 사용의 증가는 새로운 관점에서 접근할 필요가 있다.

2) 탐지의 어려움

군사형 드론의 경우에 일반 유인기에 비해 훨씬 작은 기체의 사용이 가능하다. 또한 무인기 자체에 스텔스 기술을 적용하는 등의 방법으로 탐지나 식별을 어렵게 할 수 있어 군사용 무인기를 탐지하는 것은 유인기에 비해 어려울 수 있다.

그러나 더욱 큰 문제가 되는 것은 군사용이 아닌 일반 드론인데 군사용 드론과는 달리 일반적인 드론은 소형 기체가 많고 저고도에서 비행하는 경우가 많다. 또한 금속보다는 플라스틱 등을 이용하여 기체를 제작하는 경우가 많은데 이러한 기체 특성은 기존 레이더 등의 방어기재로 탐지하는 것이 매우 어려워진다.

1m 이내의 크기로 50m 고도 이하로 비행하는 플라스틱 재질의 비행체를 식별하는 것은 기존의 레이더로는 매우 어려운 일이다. 육안이나 소리로 식별하는 경우 이러한 탐지는 더욱 어려워지는데 50m의 고도와 150m의 거리만 있어도 일반사람들은 공중에 드론이 있다는 것 자체를 인지하는 것이 매우 어렵다. 이에 따라 드론을 탐지하기 위한 다양한 새로운 기술들을 개발 중이다.

또한 드론 탐지가 어려운 이유 중 하나는 원거리에서 장시간의 비행을 통해 접근하는 것이 아니라 목표 지점 근처까지는 육상으로 이동한 다음 비행하는 경우가 가능하며 민간 드론의 경우 이런 사례가 훨씬 많기 때문이다. 최근 발생한 원자력발전소 주변이나 공항 주변 드론 출몰 사례의 경우 주변까지는 차량이나 도보로 이동하여 가까운 거리(1~2km) 이내에서 드론을 이륙하게 되는데 이런 경우에는 탐지가 더욱 어려워지게 된다.

▌그림 8 미국의 스텔스 드론 RQ-170

▌그림 9 중국의 스텔스 드론 CH-7

3) 드론 기술의 발전

앞에서 언급한 것처럼 드론 관련 기술이 발전하면서 드론의 위험성 역시 같이 상승하게 된다. 현재의 드론들은 더욱 빠르고 더 조용하고 더 많은 짐을 실을 수 있으며 더 멀리 조종이 가능하다. 관련 소프트웨어의 발전으로 최근의 드론들은 별도의 조종 없이도 특정 지점이나 지역을 비행하는 것이 쉬워졌으며, 이러한 기술 발전은 드론의 위협을 심화하는 중요한 원인이 된다. 영화 <엔젤 해즈 폴런>(2016)에서 보여 준 최근의 소형 드론들은 군집으로 움직이면서 원하는 타깃을 암살하기도 한다. 2015년에 미국에서 고등학생이 드론에 총기를 설치하는 동영상을 유튜브에 게재하기도 하는 등 드론을 무기화하는 것 역시 어렵지 않게 되었다.

▌그림 10 소형 드론이 목표물을 군집으로 공격하는 장면

출처: 영화〈엔젤 해즈 폴런〉(2019)

2. 드론 위협의 종류

이처럼 드론 위협은 과거 군사적인 것에서 일상적인 것으로 변화하고 있다. 군사 드론의 경우 레이더나 지대공미사일, 대공포나 총기 등 군사적 방식으로의 대응을 고려해야 하기 때문에 일상의 드론 위협과는 다른 개념을 갖는다. 따라서 본 내용에서는 군사적 목적의 드론 대응은 일단 제외하고 일상에서 일어날 수 있는 드론의 위협을 중심으로 이야기하고자 한다. 다만 원자력발전소나 청와대등 국가 중요시설 공격 같은 경우 군사적 목적과 일상 목적에 의한 위협 개념이 혼재 될 수도 있다.

가. 드론 테러

드론을 테러에 이용하는 경우를 의미한다. 사우디의 정유시설 테러를 비롯하여 예멘 공군기지 테러, 베네수엘라 대통령 테러 시도, IS의 드론 공격까지 특정 시설이나 대상을 노리는 경우를 의미한다. 국가의 중요시설이나 중요인물들이 주대상이 되기도 하지만 최근 테러들이 소프트 타깃(방어가 취약한 일반 공격)을 대상으로 하는 경우가 많은 만큼 일반인을 대상으로 한 테러도 가능할 수 있다. 현재까지 발생했던 드론 테러들은 주요시설이나 요인을 대상으로 한 것이 많았지만 일반인을 대상으로 하는 테러 위협 역시 언제든 발생할 수 있다. 일본에서는 원전가동에 반대하는 환경론자들이 세슘을 실은 드론을 총리관저에 착륙시키기도 하였는데 직접적 공격은 아니었지만 이런 종류도 드론 테러의 유형이라고 볼 수 있다.

현재 발생했거나 발생 가능한 드론 테러의 종류에는 다음과 같은 것들이 있다.

1) 폭탄 드론

가장 일반적인 드론 테러 유형 중 하나이다. IS나 후티 반군의 경우와 같이 드론에 폭탄을 부착하여 공격하는 방식이다. 수 킬로미터 이내 근거리에서 공격할 경우에는 수십만 원 이내의 드론에 간단한 폭발물만을 부착하여 공격하는 방식부터 사우디 정유시설 공격과 같이 수백 킬로미터 이상을 비행하여 목표물을 타격하는 방식까지 다양한 방식이 가능하다. 드론을 이용한 폭탄 공격은 드론에 폭탄을 설치하여 자폭시키는 방법(드론은 귀환 후 재사용)과 드론을 함께 폭발시키는 방법이 가능한데 일반적으로는 드론을 함께 폭발시키는 것이 정확도나 효과면에서 훨씬 높을 것으로 추정된다.

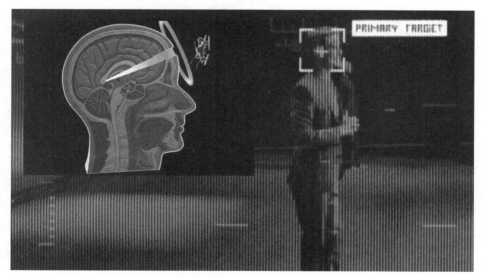

┃그림 11 Stop Autonomous Weapons   출처: Youtube

소형 드론들은 적재용량에 한계가 있지만, 탐지나 대응이 어렵고 대형 드론들은 큰 용량의 폭발물 탑재가 가능하다.

2) 무기 드론

드론에 직접 무기를 부착하여 공격하는 방식이다. 드론은 조종안정성이 높고 기본적으로 여러 가지 장비들을 부착할 수 있으므로 카메라 등의 장비 대신에 무기를 부착하는 것도 충분히 가능하다. 이러한 방식으로 드론에 손쉽게 총기를 부착할 수 있으며, 총기 외에도 전기톱, 테이저, 화염방사기, 최루탄 등 다양한 무기를 부착할 수 있다. 드론에 무기를 부착하는 경우 조종자는 직접적으로 위험에 노출되지 않고 원거리에서 무기를 조작할 수 있으므로 매우 이점을 갖는 반면에 드론에 대응해야 하는 사람들은 공중에 있는 드론을 파괴하거나 무력화하는 것이 쉽지 않고 다수의 드론이 출현할 경우 대응이 더욱 어려워지게 되는 문제가 있다. 또한 이러한 무기 드론은 드론의 적재중량이 늘고 소음이 감소함에 따라 그 위험성이 더욱 커질 수 있다.

▋그림 12 터키에서 개발 중인 무기 장착 드론

▌그림 13 화염방사기 장착 드론

3) 생화학 테러용 드론

최근 드론이 가장 많이 사용되는 분야 중 한 가지는 농업이다. 드론은 사람보다 15배 이상 빠른 속도로 농약살포가 가능하며 농약흡입 등의 위험 없이 원거리에서 또는 자동 프로그램에 의해 정해진 지역에서 살포가 가능하다. 같은 원리로 농약 대신 생화학 물질을 탑재한 경우 드론의 또 다른 위협이 될 수 있는데 치명적인 바이러스나 균 등의 생물학 무기나 독가스 등의 화학무기를 탑재하는 것을 예로 들 수 있다. 또한 직접적인 공격을 위해 황산이나 염산 등을 탑재하여 경기장 등 다중밀집 구역에 살포하는 것도 가정할 수 있다.

▌그림 14 DJI의 농업 드론 AGRAS t20. 약 20리터 정도의 액체를 수용할 수 있다.

출처: DJI 홈페이지

▌그림 15 미국의 소방 드론. 5~50m 고도에서 소방용 캡슐 16개를 투하할 수 있다.

출처 Oraria Corp.

생화학 테러의 경우 대상자들이 미처 인지하지 못하는 와중에 벌어질 수 있다는 점에서 상당한 위협이 될 수 있다. 그러나 드론이 비행 중 특정 물질을 분사할 경우 고도와 바람, 드론의 프로펠러에 의해 살포 액체가 확산되고 따라서 일반적인 농업 드론 등의 경우 효과적으로 농약을 작물에 살포하기 위해서는 상당히 낮은 고도(10m) 이내에서 작업을 하게 된다. 이러한 점을 고려하면 드론을 이용하여 공중에서 스프레이 형태로 물질을 분사하는 것은 효과가 없거나 매우 비효율적일 수 있다. 또한 탄저균이나 천연두와 같은 생물학 무기들은 쉽게 구하기 힘든 문제가 있어 실제 사용에 대해서는 여러 가지 어려운 부분들이 있을 수 있다. 따라서 실질적인 생화학 공격 등을 위해서는 소방 드론과 같이 캡슐에 일정한 내용물을 넣은 뒤 특정 지역에 투하하는 방식이 효과적일 수 있으며 이러한 점을 고려하여 위협에 대비할 필요가 있다.

▌그림 16 드론 생화학 물질 살포 범위 실험

나. 드론 범죄

드론 사용의 증가와 함께 드론을 이용한 범죄 역시 크게 증가하고 있다. 드론 범죄는 크게 드론을 이용한 범죄(드론을 도구로 이용하여 다른 범죄를 행하는 경우, 예, 드론 불법촬영 등)와 드론 비행 관련 범죄(비행금지구역 위반 등 드론 자체의 운항으로 인한 범죄)로 구분될 수 있다.

1) 드론을 이용한 범죄

최근 전 세계의 교도소들은 드론과 전쟁을 벌이고 있는데 드론의 특성상 이를 탐지, 파괴하는 것이 매우 어렵기 때문이다. 영국에서는 감옥 안에 총기를 전달하는 용도로 쓰이거나 총기 외에 마약, 현금, 전화기 등 다양한 불법 물품들을 반입하기 위해 많은 시도가 이루어지고 있지만 마땅한 대비책이 없는 실정이다.

호주에서는 범죄 조직에서 경찰을 감시하기 위해 드론을 사용하기도 하였으며 브라질에서는 마약 조직이 경찰에 협조하는 주민들을 색출해 내기 위해 드론을 사용하기도 하였다. 이처럼 기존의 범죄를 하면서 경찰의 감시망을 피하거나, 안전을 도모하기 위해, 또는 새로운 범죄의 도구로 드론을 사용하는 경우가 급격하게 늘어나고 있다. 이처럼 기본의 범죄에 드론을 범행 도구로 이용하는 것들을 드론을 이용한 범죄라고 할 수 있다.

최근 우리나라에서 대표적인 드론을 이용한 범죄는 드론의 불법촬영이다. 드론 불법촬영은 해변, 노천탕, 고층아파트나 호텔 등의 장소를 드론으로 몰래 촬영하는 경우를 의미한다. 최근 국내에서는 드론 불법촬영 사건들이 지속적으로 발생하고 있다 인터넷에서 드론 몰카 동영상이 유통되는 경우도 발생하고 있다.

2018년 제주지방법원에서 드론과 관련된 최초의 판결이 있었는데(2017고단2922) 이 판례 역시 드론의 불법촬영과 관련된 사건이었다.

> ☐ **2017고단2922 판례**
> 제주시 해수욕장에서 드론에 휴대전화를 연동시킨 다음 노천탕에서 불상의 여성들이 알몸으로 샤워를 하는 모습을 동영상을 촬영하여 성적 수치심을 유발할 수 있는 다른 사람의 신체를 그 의사에 반하여 몰래 촬영한 사건
> • 처벌: 벌금 500만 원 선고

드론을 이용한 불법촬영 중 성적 목적 촬영은 성폭력방지 특별법에 의거하여 처벌이 가능하지만, 촬영이 이루어지지 않은 경우에는 법 적용이 곤란하다는 문제가 있다. 이처럼 드론을 이용한 불법촬영은 드론을 이용한 가장 직접적인 드론 범죄 중 하나이다.

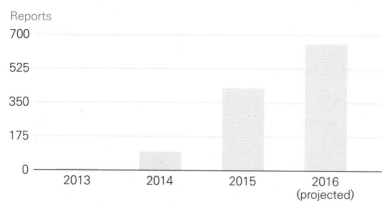

┃그림 17 영국 내 드론 범죄 증가율　　　　출처: 인디펜던트 자료: 영국경찰청

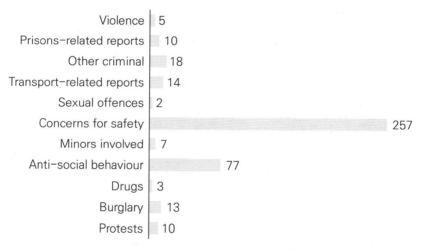

┃그림 18 영국 내 드론 범죄 종류　　　　출처: 인디펜던트 자료: 영국경찰청

2) 드론 비행 관련 범죄

드론은 비교적 새로운 기술이며 특히 최근 사용되는 멀티콥터형 드론들은 이전에는 일반적으로 보이지 않는 것이었다. 그러나 드론 자체는 현행법상 항공안전법의 적용을 받는 초경량무인항공기이며, 따라서 이 법에 의할 경우 드론이 기타 범죄에 이용되지 않는다고 하더라도 별도의 법 적용을 받게 된다.

(1) 비행방법 위반

항공안전법에서는 무인항공기와 관련하여 여러 가지 규정을 두고 있으며 이 중 특히 드론과 관련되는 것은 무인항공기 조종자 준수사항이다.

항공안전법에서 규정하고 있는 중요한 조종자 준수사항은 다음과 같다.

❏ 항공안전법

제129조(초경량비행장치 조종자 등의 준수사항)
① 초경량비행장치의 조종자는 초경량비행장치로 인하여 인명이나 재산에 피해가 발생하지 아니하도록 국토교통부령으로 정하는 준수사항을 지켜야 한다.

제166조(과태료) ① 다음 각 호의 어느 하나에 해당하는 자에게는 500만원 이하의 과태료를 부과한다.

③ 다음 각 호의 어느 하나에 해당하는 자에게는 200만원 이하의 과태료를 부과한다. 〈개정 2017. 8. 9.〉

  8. 제129조제1항을 위반하여 국토교통부령으로 정하는 준수사항을 따르지 아니하고 초경량비행장치를 이용하여 비행한 사람

❏ 항공안전법 시행규칙

[시행 2019. 9. 23.] [국토교통부령 제651호, 2019. 9. 23., 일부개정]

제310조(초경량비행장치 조종자의 준수사항) ① 초경량비행장치 조종자는 법 제129조제1항에 따라 다음 각 호의 어느 하나에 해당하는 행위를 하여서는 아니 된다. 다만, 무인비행장치의 조종자에 대해서는 제4호 및 제5호를 적용하지 아니한다. 〈개정 2017. 11. 10., 2018. 11. 22., 2019. 9. 23.〉

  1. 인명이나 재산에 위험을 초래할 우려가 있는 낙하물을 투하(投下)하는 행위

  2. 주거지역, 상업지역 등 인구가 밀집된 지역이나 그 밖에 사람이 많이 모인 장소의 상공에서 인명 또는 재산에 위험을 초래할 우려가 있는 방법으로 비행하는 행위

  2의2. 사람 또는 건축물이 밀집된 지역의 상공에서 건축물과 충돌할 우려가 있는 방법으로 근접하여 비행하는 행위

  3. 법 제78조제1항에 따른 관제공역·통제공역·주의공역에서 비행하는 행위. 다만, 법 제127조에 따라 비행승인을 받은 경우와 다음 각 목의 행위는 제외한다.

    가. 군사목적으로 사용되는 초경량비행장치를 비행하는 행위

    나. 다음의 어느 하나에 해당하는 비행장치를 별표 23 제2호에 따른 관제권 또는 비행금지구역이 아닌 곳에서 제199조제1호나목에 따른 최저비행고도(150미터) 미만의 고도에서 비행하는 행위

  1) 무인비행기, 무인헬리콥터 또는 무인멀티콥터 중 최대이륙중량이 25킬로그램 이하인 것

2) 무인비행선 중 연료의 무게를 제외한 자체 무게가 12킬로그램 이하이고, 길이가 7미터 이하인 것
4. 안개 등으로 인하여 지상목표물을 육안으로 식별할 수 없는 상태에서 비행하는 행위
5. 별표 24에 따른 비행시정 및 구름으로부터의 거리기준을 위반하여 비행하는 행위
6. 일몰 후부터 일출 전까지의 야간에 비행하는 행위. 다만, 제199조제1호나목에 따른 최저비행고도(150미터) 미만의 고도에서 운영하는 계류식 기구 또는 법 제124조 전단에 따른 허가를 받아 비행하는 초경량비행장치는 제외한다.
7. 「주세법」 제3조제1호에 따른 주류, 「마약류 관리에 관한 법률」 제2조제1호에 따른 마약류 또는 「화학물질관리법」 제22조제1항에 따른 환각물질 등(이하 "주류등"이라 한다)의 영향으로 조종업무를 정상적으로 수행할 수 없는 상태에서 조종하는 행위 또는 비행 중 주류등을 섭취하거나 사용하는 행위
8. 제308조제4항에 따른 조건을 위반하여 비행하는 행위
9. 그 밖에 비정상적인 방법으로 비행하는 행위

항공안전법의 경우 조종자 준수사항을 규정하고 있는데 드론과 관련하여 특히 적용될 가능성이 높은 것은 "인구가 밀집된 지역이나 그 밖에 사람이 많이 모인 장소의 상공에서 인명 또는 재산에 위험을 초래할 우려가 있는 방법으로 비행하는 행위", "관제공역·통제공역·주의공역에서 비행하는 행위" "야간비행" "음주비행" 등의 문제이다. 이는 드론(초경량무인기)의 조종 자체와 관련된 내용으로 실제 민간 드론 조종사들이 가장 주의깊게 보는 내용이다. 그러나 처벌이 과태료로만 규정되어 있기 때문에 실질적인 형사처벌의 효과를 기대하기 힘든 상황이다.

(2) 비행구역 위반

▌그림 19 원자력발전소

항공안전법에서는 항공기 및 국가의 안전을 확보하기 위하여 비행구역을 규정하고 있는데 현행 항공안전법에서는 관제공역·통제공역·주의공역에 대해서 드론의 비행을 금지하고 있으며 청와대, 휴전선 인근, 공항, 원자력발전소 등이 이러한 구역에 포함되어 있다. 비행금지구역 위반 사례는 드론의 본격적인 활용 이후 가장 빈번하게 발생하는 문제 중의 하나로 2016년 이후 청와대 인근 공역에 대한 침입을 비롯하여 지속적으로 비행금지구역의 비행이 문제가 제기되어 왔으나 그간 안티드론 시스템의 부재 및 드론 탐지의 어려움 등으로 인하여 사실상 실질적인 대응에 한계를 보여왔다.

그러나 최근 사우디아라비아의 드론 공격을 비롯하여 2020년 인천국제공항 드론 출현, 부산기장 및 전남 한빛원전 드론이 침입사건 등 이러한 행위가 국가 중요시설에 대한 심각한 위협이 될 수 있다는 점에서 상당한 사회적 문제로 지적되었다.[3] 드론의 비행구역 위반은 드론 문제의 가장 기본적이고 중대한 위협이 될 수 있다는 점에서 매우 중요하다.

---

3) 이 중 몇 건의 침입 중 조종자가 확인되어 처벌되는 사례가 있었지만 형사처벌이 아닌 과태료로 처벌되었으며 전체 침입 건수는 그 횟수조차 정확한 파악이 어려운 상태이다.

다. 드론 사고

드론 사용의 증가와 함께 드론 사고 역시 크게 증가하고 있다. 현재까지 드론 사고와 관련된 공식적인 통계는 아직 없지만 드론과 관련된 직·간접적인 사고는 언론을 통해 지속적으로 소개되고 있다. 드론 범죄와 사고의 차이는 고의성의 여부로 구분하는데(이는 일반 형사법적 구분이 아닌 개념적 구분으로 개념적으로 드론사고라 하더라도 형사처벌을 받을 수도 있다) 즉 드론으로 사람이 다치거나 재산이 파손되는 사건이 발생한 경우 고의성이 있다면 드론 범죄로 보고, 고의성이 없다면 드론 사고로 볼 수 있다. 드론 사고는 드론이 항공기 등과 충돌하는 등 다른 요인들로 인하여 사고의 원인이 되는 경우와 드론 자체가 추락하여 인명이나 재산상 피해를 내는 두 가지로 구분할 수 있다.

1) 원인제공형 사고

드론이 사고 원인이 되거나 사고에 영향을 미친 경우를 의미한다. 대표적인 것으로는 항공기와의 충돌사고 등이 있는데 항공기 자체에 대한 재산적 손실이 될 수도 있지만 실질적인 위험은 드론과의 충돌로 항공기가 추락하는 등의 위험성이다. 2016년 런던 히드로 공항에서 드론과 여객기와의 충돌사건이 보고된 이후 전 세계 공항에서 드론과 항공기 충돌위험이 수시로 보고되고 있으며, 이는 공항과 승객의 안전확보에 심각한 위협이 되고 있다.

2015년 미국을 강타한 캘리포니아 산불사건의 경우 초기 화재 진압 시 공중에서 촬영하는 민간 드론들 때문에 소방헬기가 화재진압에 실패하였고 이는 산불 피해를 크게 늘리는 이유가 되기도 하였다. 이처럼 드론으로 인해 큰 사고로 발생할 가능성이 있는 사건들이 늘어나고 있다.

2) 직접피해형 사고

드론의 조종 미숙, 기체 결함 등으로 인해 드론이 직접 생명, 신체, 재산적 피해를 입히는 경우를 의미한다.

2019년 경북 칠곡에서는 어린이날 행사에서 사탕을 뿌리던 드론 기체가 추락하여 4명이 다치는 사고가 발생하였고, 밀라노 성당을 촬영하던 드론이 밀라노성당과 충돌하여 세계적인 문제를 야기하기도 하였다. 2015년 스키월드컵 때에는 선수를 촬영하던 드론이 추락하여 자칫하면 큰 사고로 이어질 뻔한 사건도 있었다. 드론이 추락하여 차량이나 시설물을 파손하는 경우도 대표적인 드론 사고의 하나로 생각할 수 있다.

고속으로 회전하는 드론의 프로펠러는 큰 부상을 입힐 수 있으며 더욱 위험한 것은 고공에서 추락한 드론에 의해 부상을 입는 경우이다. 미국 FAA의 실험 결과 250g이 넘는 기체들은 추락 시 큰 부상을 야기할 가능성이 높으며 따라서 250g 이상의 드론들은 등록 대상으로 삼고 있다[4]. 이외에도 드론의 배터리 폭발이나 화재 등 차량의 사용이 늘어나면서 교통 사고 건수가 늘어난 것처럼 드론 사고 역시 지속적으로 상승할 가능성이 높다.

▎그림 20 공연장에서 드론을 잡다가 드론에 큰 부상을 입은 엔리케 이글레시아스(2015년)

---

4) 중국의 DJI는 미국 FAA의 이러한 실험이 잘못되었다고 하면서 2.2kg(4.6lbs)까지 안전무게 기준을 높여야 한다고 주장했다(2017년). 그러나 미국의 이 기준이 국제표준화되자 2020년 249g의 MavicMini(매빅미니)를 출시하였다.

제2절

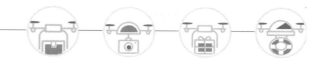

소결

　이러한 드론의 위협을 정리하면 드론 위협은 드론 테러, 드론 범죄, 드론 사고의 세 가지로 구분이 가능하다.

　드론 테러는 드론을 이용한 특정 타깃이나 특정 시설, 또는 대중을 대상으로 한 드론을 이용한 테러행위를 의미하며 드론 범죄는 드론을 이용한 불법촬영, 사생활침해 등 드론을 이용한 일상적인 범죄를 의미한다. 마지막으로 드론 사고는 드론으로 인해 발생할 수 있는 생명 및 재산적 피해(고의가 아닌)를 의미한다. 이처럼 드론의 위협은 자동차나 비행기가 처음 등장했을 때와 같이 기술적 위협을 가져오고 있다. 차이점이 있다면 과거의 기술들에 비해 매우 급진적이고 광범위하게 기술이 확산되고 있다는 점이다.

　실질적으로 우리는 드론 위협에 대한 현재 거의 무방비로 노출되어 있다. 원자력발전소와 청와대 주변을 드론이 날아다니거나 아파트 주변에 드론이 비행하더라도 이에 적극적으로 대처할 만한 구체적인 대응방안이 아직 부족하다. 드론과 관련된 법·제도들은 아직도 정비되지 못했으며 새로운 기술들의 발전으로 위협 수준 역시 강화되고 있다. 서울 상공에 화학물질을 실은 드론이 비행한다면 어떤 방법으로 이를 식별하고, 제지하고, 조종자를 확인할 수 있을지에 대한 연구가 부족하다. 반면 어떤 분야에서 드론에 대한 규제는 지나치다. 서울시내의 경우 손바닥만한 장난감 드론을 학교 운동장에서 1m 높이로 날리더라도 항공안전법의 적용을 받을 수 있다. 드론 산업과 제조, 조달과 관련된 부분에서도 드론과 관련된 규제는 아직도 많은 어려움을 낳고 있다. 따라서 드론으로부터의 안전을 확보하는 것은 드론 산업을 가로막는 것이 아니라, 드론 산업의 가이드가 될 수 있어야 한다. 드론으로서 안전과 대비책이 확보되어야만 오히려 드론 산업이 발전할 수 있는 밑바탕이 될 수 있다.

CHAPTER

03

드론 위협의 대응
(기술적 대응)

1. 드론 위협 대응 개요

드론 위협에 대응하기 위해서는 두 가지 방식으로의 접근이 필요하다. 첫째는 법·제도적 대응이며 두번째는 물리·기술적 대응이다. 위험한 드론, 범죄나 테러 드론을 무력화하기 위해서는 이를 현실적으로 실현할 수 있는 기술적 대응방법이 있어야 하며 법제도적으로 이러한 위험 드론들을 규제하고 관리할 수 있어야 한다.

차량을 안전하게 이용하기 위해서 인도와 구분된 차로를 설치하고, 차선과 각종 신호, 안전장치를 갖추는 물리적인 대응과 함께 차량을 등록하고 운전면허증을 부여하고, 검사, 보험 등 각종 제도를 둠으로써 차량의 안전을 확보하는 것처럼 물리-제도적 체계 마련은 어떤 기술에 대해서도 필수적인 두 가지 대응 체계라고 할 수 있다.

드론 위협의 대응과 관련해서는 크게 네 가지 단계가 있다. 네 가지 단계는 드론이 출현하여 드론의 존재를 감지하는 탐지 단계에서 드론의 고유정보를 확인하는 식별, 드론의 위협을 방어하는 대응, 마지막으로 포획하거나 파괴된 드론의 정보를 분석하는 분석으로 구성되어 있으며 이 편에는 먼저 드론 위협의 네 가지 단계와 관련하여 기술적으로 대응하는 내용을 주로 다루고자 한다.

탐지	식별	대응	분석
• 드론 출현 감지 • 탐지 기술 (레이다, 음향, 광학, 육안 등)	• 드론 고유 정보 파악 • 조종자 및 기체 식별 • 등록 여부, 비행허가, 개인 및 기체정보 식별	• 소프트킬 • 하드킬 • 식별된 드론에 대한 대응	• 정보 분석 • 드론 포렌식 • 추락, 파괴, 포획 등 확인된 드론에 대한 사후 분석

구분	기술	법제도
탐지	• 레이더 탐지 • 주파수 탐지 • 음향 탐지 • 광학 탐지	• 공항시설법 • 전파법 • 개인정보보호법

구분	기술	법제도

식별	• 전파형
	   전자비표, 브로드캐스팅, LOLA, USIM 등
	• 인식표형
	   RFID, QR코드, 간이인식표(네임태그) 등
		• 공항시설법
		• 전파법
		• 항공안전법
		• 개인정보보호법

대응	• 소프트킬(Soft kill)
	   재머(Jammer), 독수리, 그물총 등
	• 하드킬(hard Kill)
	   총기, 레이저 무기 등
		• 항공안전법
		• 공항시설법
		• 전파법
		• 형법
		• 경찰관직무집행법
		• 대통령 등 경호에 관한 법률
		• 국민보호와 공공안전을 위한
		   테러방지법
		• 통합방위법

분석	• 흔적 증거 • 데이터 분석	• 형사소송법

표 1 드론 대응 단계별 기술 및 법제도

가. 탐지

드론의 출현 자체를 탐지하는 단계이다. 종합적으로는 드론뿐 아니라 항공기의 출현 자체를 감시하고 확인하는 것이며, 여러 가지 기술 수단이 동원될 수 있다. 국가중요시설이나 보호시설의 중요도 등에 따라 감시장비는 달라질 수 있으며 드론의 위협에 대응하는 가장 첫 번째 단계가 된다. 드론의 탐지가 이루어지지 못하면 다른 단계는 진행조차 할 수 없기 때문에 가장 기본적이면서도 중요한 단계가 된다. 즉 드론의 위협에 있는 상황에서 식별, 무력화 등의 마땅한 수단이 없는 경우에는 대피나 회피, 은닉 등의 보조적 수단이 가능하다. 그러나 드론의 출현 자체가 탐지되지 않은 경우에는 향후 이어지는 이러한 대응체계 자체에 의미가 없으며 심지어는 공격을 받은 여부 자체를 모르고 지나칠 수도 있다(생화학공격 등의 경우). 따라서 드론의 존재 자체를 탐지하는 것은 드론 위협 대응에 있어서 가장 우선적인 단계가 된다.

최근의 드론들은 작고, 빠르고 조용해져 탐지가 쉽지 않기 때문에 드론이 수백 미터 이내로 접근하더라도 이를 알아채기가 쉽지 않다. 드론을 탐지하기 위한 기술로는 여러 가지가 개발되어 있다. 이는 기존의 레이더로는 낮은 고도에서 비행하는 소형 드론들을 탐지하는 것이 쉽지 않기 때문이다.

1) 레이더 탐지

능동형 전파를 방사하고 반사되는 전파를 탐지하는 방법이다. 기존의 레이더는 대부분 일반 비행체를 대상으로 한 것으로 1.5.m 이하의 물체를 탐지하는 데는 다소 취약한 모습을 보였다. 이러한 문제점에 따라 드론과 같은 소형 비행체를 탐지하기 위한 레이더 개발이 가속화되었고 현재는 여러 기술들이 개발되어 드론을 탐지하는 가장 중요한 장비가 되고 있다.

레이더는 가장 긴 탐지거리를 가지고 있고 날씨, 온도, 주야간의 영향이 적어 안정적인 탐지가 가능하다. 그러나 다른 기술들에 비해 비용이 매우 높으며 전파 송출에 따른 주파수 간섭 등의 문제가 있을 수 있다. 또한 전파를 발사한 다음 반사되는 전파 탐지를 통해 비행체를 식별하는 레이더 방식의 특성상 사각이 생길 수 있고 표면적이 작은 드론을 놓칠 수도 있다.

▌그림 1 미국 Spotter RF 사의 드론 레이더 3D-500

▋그림 2 독일 Dedrone 사의 DroneTracker 4.1

현재 세계적으로 드론 위협 대비의 첫걸음으로 다양한 드론 레이더를 개발하고 있는데 2018년을 기준으로 보면 기술 수준은 다음과 같다. 그러나 실질적으로 이러한 탐지 기술 수준은 다소 과장되거나 검증되지 않은 부분들이 있을 수 있으며(업체별로 요구 수준에 따라 제시하는 기술 스펙이 수시로 변하기도 한다) 현재 지속적으로 관련 기술들이 개발·발전되고 있다.

항목	Blighter A400	RADA RPS-42	ELVIRA	Thales Squire	SMS-D	LADD	SkyLight
국가	영국	이스라엘	네덜란드	네덜란드	미국, Kelvin Hughes	한국, ETRI	미국, Gryphon
변조 방식	FMCW	pulse doppler	FMCW	FMCW	pulse doppler	FMCW	pulse doppler
주파수 대역	Ku	S	×	×	×	Ku	×
탐지 거리 (RCS 0.01m²)	2.4Km	10Km (대인 기준)	3Km	13Km (대인 기준)	5Km (대인 기준)	3Km	10Km (sUAV)
거리 분해능	10m	50m	1.5m	5m	5m	5m	–
최고표적속도		1.481Km/h	–	360Km/h	–	216Km/h	–

항목	Blighter A400	RADA RPS-42	ELVIRA	Thales Squire	SMS-D	LADD	SkyLight
방위각 분해능	5°	0.5°	10°	–	0.8°	1.5°	–
고도각 분해능	10/20° 선택	–	10°	–	25°	5°	–
RF 출력	4W	60×4W	–	–	80W	56W	2W
레이더 크기 (W×H×D Cm³)	67×51×13	67(Dia)×16.5	90(Dia)×80	65×47×24	59(Dia)×31	56×67×13	–
무게	27Kg/패널	23Kg/패널	83Kg	20+23Kg	20Kg	27Kg/패널	36.3Kg/패널
연동 센서	EO/IRRF 재머	–	Pan-Tilt 장비 카메라	–	EO/IR	EO/IR	방탐장비 EO/IR

2) 음향 탐지

▌그림 3 드론 음향 탐지 시스템 Acoustic Drone Detection System Discovair. 회사 측의 테스트로는 500~1km의 드론까지 탐지가 가능하다고 주장한다.

출처: Squarehead

드론의 프로펠러가 내는 소음을 탐지하는 기술이다. 가격이 싸며 운용이 쉬우며 주변의 다른 기기에 영향을 미치지 않는다는 장점이 있다. 그러나 소음이 많은 도심지 같은 경우에는 사용이 어렵고, 여러 대의 드론이 있는 경우에도 사용이 쉽지 않다. 또한 소리를 탐지하기 때문에 탐지거리가 짧다는 문제점도 있다.

3) 전파 탐지

드론은 주로 2.4GHz나 5.8GHz의 주파수를 사용하고 있는데 이러한 드론의 RF(Radio Frequency) 신호를 탐지하여 드론의 위치를 파악하는 방법이다. 레이더가 능동적인 방법으로 전파를 발산하는 데 비해 수동형 전파 탐지 방식은 드론이 통신하는 주파수 자체를 탐지하는 방식이다.

기본적으로 레이더 탐지가 대상의 거리나 방향 등을 알 수 있음에 반해 전파 탐지 방식은 드론이 특정 구역 내 접근하는 여부만을 알 수 있어(즉, 드론의 전파신호가 감지되는 범위 내) 제약이 있다.

전파 탐지 방식은 레이더 탐지에 비해 저렴하고 운용하기 쉬우며 휴대용으로도 가능하지만 드론의 방향이나 거리를 알기는 힘든 단점이 있다.

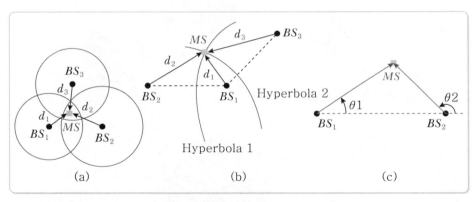

Position determination techniques: (a)TOA: (b)TDOA: (c)AOA:

┃그림 4 AOA, TOA, TDOA 개념도

출처: A new geometric approach to mobile position in wireless LAN reducing complex computations, Monji Zaidi, 2010.5. Research Gate

이러한 단점을 보완하기 위하여 드론의 조종 신호를 인식하여 거리와 전파 세기 등을 이용한 삼각측량법을 통해 드론 및 조종자의 위치까지도 탐지하는 방법도 있으나 이 경우 많은 비용과 시설이 필요하다는 문제가 생기게 된다. 최근에는 이동형 차량 등을 통한 삼각측량법도 연구되고 있다.

AOA(Angle of Arrival: 고정 국이 일정한 각속도 ω로 회전하는 방향빔의 RF 신호를 연속적으로 전송하고, 이동 국이 신호의 수신 시간을 감지하여 고정 국에 대한 자신의 방위각을 측정하는 원리) TDOA(Time difference of arrival: 송신기로부터 다수의 수신기들까지 전송되는 신호의 전달 시간 차를 측정하여 위치를 추정) TOA(Time of Arrival: 송신기로부터 다수의 수신기들까지 전송되는 신호의 전달 시간을 측정, 위치를 추정)와 같은 전파 측위 방법이 사용되고 있으며[1] 드론 조종자를 추적하기 위해서는 전문적인 장비와 기술을 갖춘 드론 대응팀과 같은 별도의 조직이 필요하다.

▌그림 5 휴대용 RF 스캐너. 일정 범위 내 드론 접근 시 기종 및 접근 여부 등을 알려 준다.

출처: DroneShield

---

1) 김정태, 무선 측위 기술 조사 및 분석, 2011, 전자공학회논문지.

4) 영상 센서

EO Camera   IR Camera

▌그림 6 EO(광학) 및 IR(적외선) 카메라 관측 장비   출처: 담스테크

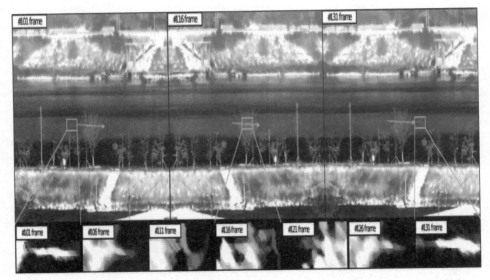

▌그림 7 Drone detection using EO/IR imaging system at different background
condition.   출처: Research Gate

　영상 센서는 망원 카메라나 열화상 카메라 등을 이용하여 비행체를 탐지하는
기술을 의미한다. 실질적으로는 광학식 카메라의 한계 때문에 다른 탐지 기술에
비해 인식률이 낮고 탐지 거리가 짧다. 반면 육안으로 드론을 확인할 수 있고
드론의 종류나 탑재물을 식별할 수 있기 때문에 다른 탐지 수단들이 갖지 못하
는 장점이 있다. 개인적으로 사용하는 고배율 카메라로는 드론의 움직임을 따라

가기 어렵기 때문에 자동추적 기능이 필요하며 야간에는 별도의 적외선 센서가 필요하다. 최근 중국의 일부 카메라들은 레이저 측정을 통해 최대 5km까지의 대상을 식별한다고 주장하기도 하나 아직까지 우리나라에서 실증된 부분은 없다.

5) 드론 탐지 기술 정리

종류(센서)	방식	장점	단점
음향 탐지 (Noise)	프로펠러 소음 탐지	낮은 비용	• 소음환경 사용곤란 • 짧은 탐지거리
주파수 탐지 (Frequency)	조종주파수 탐지 (2.4GHz, 5.8GHz)	조종자 위치까지 추정가능	• 일반 와이파이 신호 혼용 • 도심 사용 제한
영상 탐지 (EO/IF)	• 가시광선영역 • 열화상 영상 탐지	육안식별 가능	• 독자 운용 한계 • 높은 비용
레이더 탐지 (Radar)	• 전파발산 • 반사전파 탐지	• 최대탐지거리 • 안정성 및 범용성	• 법제도적 문제 • 매우 높은 비용

나. 식별

드론의 식별은 드론의 탐지와는 다른 개념이다. 드론의 탐지가 드론의 출현 및 접근을 알아채는 것이라면 식별은 그것이 어떤 것인지를 확인하는 개념이다. 예를 들어 자동차의 접근을 아는 것이 탐지하고 한다면 그것이 어떤 자동차인지, 누구의 자동차인지를 확인하는 것은 식별의 영역이 된다.

식별이 중요한 이유는 드론 사용의 확대와 관련이 있다. 즉 드론은 테러나 범죄의 목적으로만 사용하는 것이 아니며 일반적으로는 군사, 공공, 상업, 개인의 목적으로 사용될 수 있기 때문이다. 국내 일반 테러를 담당하고 있는 경찰은 드론을 직접 사용하기도 하고 드론 테러나 범죄에 대응해야 하기도 한다. 대통령 경호행사에 드론을 경비 목적으로 사용할 수도 있고, 요인을 공격하기 위해서도 사용될 수 있다. 교도소에서 탈옥 감시용으로 드론을 사용하기도 하지만 재소자들은 드론을 이용해서 여러 가지 불법을 저지르기도 한다. 이처럼 드론 사용의 확대에 따라 피아 구분이 중요한 문제로 부각되고 있다.

또한 UTM 등 본격적인 상업 드론의 사용이 가시화됨에 따라 드론 전용 교통길(드론 하이웨이) 등에 등록된 드론이 운항하는지 등을 확인할 수 있어야 한다.

범죄나 테러의 경우에는 더욱 정밀한 식별이 필요할 수도 있는데 드론이 경계구역 내 출몰한 것을 탐지하고, 이 드론들이 아군 기체인지 여부를 확인하고 나면 이 드론들이 어떤 종류의 드론인지, 조종자는 누구인지, 얼마나 위험한 것인지를 식별할 수 있어야 한다. 이는 기체의 종류나 위험성, 등록 여부 등에 따라 대응이 크게 달라질 수도 있기 때문이다. 범죄에 사용 중이거나 사용될 것으로 보이는 드론들의 경우에도 식별은 같은 이유로 중요한 문제가 된다.

따라서 드론의 식별은 드론의 탐지 이후에 적절한 대응 방법으로 연계되는 매우 중요한 문제가 되며 어떻게 드론을 구분하고 식별 체계를 부과할 것인가에 대해서 많은 연구가 이루어지고 있다.

□ 드론 식별 관련 연구 현황

(국토부) 중량 기반 드론 관리체계* 정립을 위한 입법예고 추진 중이며, 기체 신고제**와 조종자격 차등화*** 등이 핵심 내용
 * ▲완구용 모형비행장치(250g 미만)
   ▲저위험 무인비행장치(250g~7kg)
   ▲중위험 무인비행장치(7~25kg)
   ▲고위험 무인비행장치(25~150kg) 등으로 분류
 ** 최대이륙중량 2kg을 초과하는 드론 소유자에게 기체 신고를 의무화
 *** 최대이륙중량 250g~2kg은 온라인 교육, 2kg 초과는 필기·실기시험 의무화
 ※ 국토부는 고도 150m, 중량 150kg 이하 드론 교통 관리를 위해 UTM 개발 중(기존 이동통신망을 활용(제어 등 관리)하는 방안을 우선고려 중에 있음)

(과기부) 저고도 소형 드론 식별을 위한 주파수 발굴 및 기술 개발 추진 중이며, 기술 활용도 제고를 위한 법제도 마련 검토 중

다. 드론 식별 관련 주요 시나리오

드론 식별과 관련하여 발생할 수 있는 여러 가지 사건 및 시나리오를 예로 들면 다음과 같은 것들이 있다.

사례	 최근 고리 원자력발전소 인근에서 드론 비행이 자주 목격되고 있다. 2016년 이후 총 13차례의 무허가 드론 비행이 확인되었으며 2019년에만 10건이 확인되었다. 그중에서 조종자가 확인되어 처벌받은 것은 4건에 불과하고 나머지는 처리가 확인되지 않았다. 또한 13건은 공식적으로 확인된 사례로 실제 확인되지 않은 드론 비행은 이를 훨씬 넘을 것으로 추정된다.
문제점 (식별 관련)	• 체계적인 식별 시스템 부재 • 식별은 육안에 의해 주간에는 모양을, 야간에는 불빛을 위주로 식별하고 있으나 조종자를 확인하거나 기체를 회수하기 전에는 드론 모델이나 위험성을 파악하는 것이 불가능 • 드론 모델을 식별하더라도 식별 후 대응시간 부족 • 시설보호구역 진입 시 드론에 대한 무력화 기준 불확실(재물손괴 등) • 추락된 드론을 확인하거나 드론을 무력화시켜 포획하더라도 드론 조종자나 소유자에 대한 파악이 불가능해 대처 곤란. • 대응 주체별 권한과 범위의 조정(내부-원전 외부-경찰)
요구사항	고정화된 국가중요시설 방호를 위한 식별 체계 구축
주체	내부: 원자력발전소 방호부서 외부: 경찰

[시나리오 1: 고정적 중요시설 보호용 식별탐지 체계 구축 예시]

사례	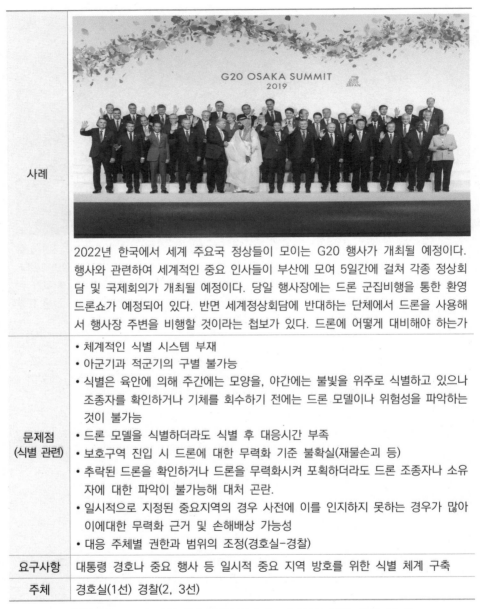 2022년 한국에서 세계 주요국 정상들이 모이는 G20 행사가 개최될 예정이다. 행사와 관련하여 세계적인 중요 인사들이 부산에 모여 5일간에 걸쳐 각종 정상회담 및 국제회의가 개최될 예정이다. 당일 행사장에는 드론 군집비행을 통한 환영 드론쇼가 예정되어 있다. 반면 세계정상회담에 반대하는 단체에서 드론을 사용해서 행사장 주변을 비행할 것이라는 첩보가 있다. 드론에 어떻게 대비해야 하는가
문제점 (식별 관련)	• 체계적인 식별 시스템 부재 • 아군기과 적군기의 구별 불가능 • 식별은 육안에 의해 주간에는 모양을, 야간에는 불빛을 위주로 식별하고 있으나 조종자를 확인하거나 기체를 회수하기 전에는 드론 모델이나 위험성을 파악하는 것이 불가능 • 드론 모델을 식별하더라도 식별 후 대응시간 부족 • 보호구역 진입 시 드론에 대한 무력화 기준 불확실(재물손괴 등) • 추락된 드론을 확인하거나 드론을 무력화시켜 포획하더라도 드론 조종자나 소유자에 대한 파악이 불가능해 대처 곤란. • 일시적으로 지정된 중요지역의 경우 사전에 이를 인지하지 못하는 경우가 많아 이에대한 무력화 근거 및 손해배상 가능성 • 대응 주체별 권한과 범위의 조정(경호실-경찰)
요구사항	대통령 경호나 중요 행사 등 일시적 중요 지역 방호를 위한 식별 체계 구축
주체	경호실(1선) 경찰(2, 3선)

[시나리오 2: 일시적 중요 지역 보호용 식별탐지 체계 구축 예시]

사례	 112를 통해 아파트 밖 창문에서 드론이 여성 혼자 있는 집 내부를 촬영하고 있다는 신고가 접수되었다. 근처의 지구대 경찰관들이 출동하였으나 드론은 곧 보이지 않는 장소로 사라졌다.
문제점 (식별 관련)	• 체계적인 식별 시스템 부재 • 식별은 육안에 의해 주간에는 모양을, 야간에는 불빛을 위주로 식별하고 있으나 조종자를 확인하거나 기체를 회수하기 전에는 드론 모델이나 위험성을 파악하는 것이 불가능 • 드론 모델을 식별하더라도 식별 후 대응시간 부족 • 보호구역 진입 시 드론에 대한 무력화 기준 불확실(재물손괴 등) • 추락된 드론을 확인하거나 드론을 무력화시켜 포획하더라도 드론 조종자나 소유자에 대한 파악이 불가능해 대처 곤란. • 일시적으로 지정된 중요지역의 경우 사전에 이를 인지하지 못하는 경우가 많아 이에대한 무력화 근거 및 손해배상 가능성 • 대응 주체별 권한과 범위의 조정(경호실-경찰)
요구사항	대통령 경호나 중요 행사 등 일시적 중요 지역 방호를 위한 식별 체계 구축
주체	경찰

[시나리오 3: 일반 지역에서의 드론 식별관련 사례 검토]

라. 드론 식별 관련 고려사항

드론 식별은 매우 중요한 문제이나 손쉬운 식별을 위해 등록제가 하드웨어 시스템을 강요할 경우 드론 산업에 여러 가지 악영향을 미칠 수 있다. 따라서 드론 식별을 위해서는 다음과 같은 사항들이 지켜져야 한다.

- 드론산업의 자율성을 보장하면서도 최우선적으로 국가와 국민안전을 확보할 필요
- 지나친 규제는 드론 산업의 억제로, 너무 느슨한 규제는 안전을 위협할 수 있다는 점에서 적절한 균형점을 갖춘 체계가 필요
- 드론의 운용공역, 운용기체, 식별장치 등에 따른 구체적 운용 요구사항 검토 및 법제도, 기술개발 연계

마. UTM과 드론의 식별 체계

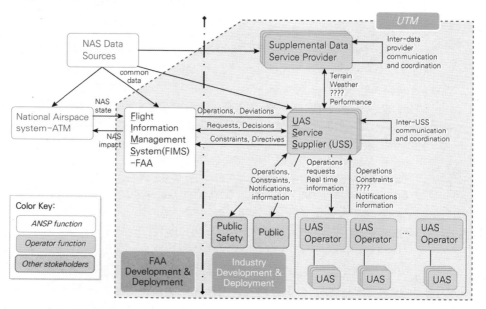

┃ 그림 8 미국의 UTM 구상 및 체계도

출처: FAA's UAS Traffic Management Research Transition Team Plan(January 31, 2017)

현재 세계적으로 UTM(Unmanned Aircraft System Traffic Management: 무인 비행체 교통관리 시스템)에 대한 많은 논의가 이루어지고 있다. UTM은 드론 등 무인 비행체의 교통을 관리하기 위한 체계이기 때문에 드론 식별과 매우 직접적인 관계가 있는데 특히 드론 배송 등 드론의 상업적 목적에 의한 사용을 관리하기 위해서는 드론을 식별한 다음 이동을 통제하고 관리가 가능해야 하기 때문이다. 현재

차량들이 세계적인 표준에 기초한 교통 시스템의 통제를 받는 것처럼 드론 사용이 늘어남에 따라 이러한 시스템의 필요성이 더욱 높아지기 때문이다. 미국이나 한국, 독일에서 설계되고 생산된 차량들이 세계 어느 지역에서나 표준 교통 시스템에 의해 이용이 가능한 것처럼 앞으로 드론도 이러한 UTM 체계를 거치면서 더욱 표준화할 수 있다.

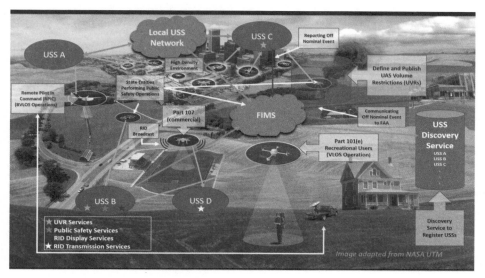

▌그림 9 미국의 UTM Pilot Program   출처: FAA(2020)

　세계적으로는 미국을 비롯하여 중국, EU 등에서 UTM과 관련된 표준을 만들기 위해 치열한 경쟁을 하고 있으며 우리나라에서도 K-UTM 체계를 구축하기 위해서 국토교통부 등에서 지속적으로 연구개발을 진행 중이다. 한국에서는 항공안전기술원 등에서 무인비행장치의 안전 운항을 위한 저고도 교통관리체계의 개발 및 실증시험을 진행 중에 있으며 2021년 12월 31일까지 진행될 예정이다.

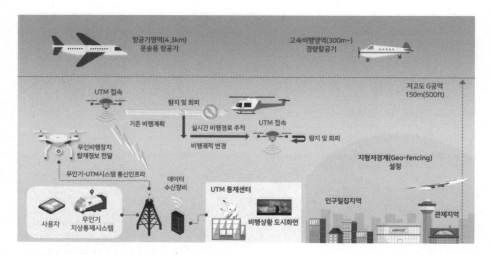

┃그림 10 한국형 UTM 개념도 　　　　　　　　　　　　　 출처: 항공안전기술원

　　이와 같이 UTM 등은 일반적으로 드론을 이용한 상업적 활동이나 교통 등에 대해 적용되며 드론의 식별 기술과 밀접한 관련을 갖는다.

　　그러나 식별 문제와 관련된 시나리오에 있는 것과 같이 드론의 위협은 UTM 에 속하지 않은 드론들, 즉 소형이거나, 상업적 목적으로 사용되는 것이 아니거나 또는 일부러 등록을 하지 않은 기체일 가능성이 매우 높다. 즉 내 드론이 이미 등록되고 실시간으로 식별이 가능하다면 이러한 드론이 테러나 범죄에 사용될 가능성은 매우 낮아지는 것이다. 따라서 실질적으로는 UTM 등의 체계에 포함되지 않은 일반 드론들이 더 많은 문제를 야기할 가능성이 있고 이에 따라 소형 저고도 드론의 식별과 관련된 기술 및 법제도 연구가 활발히 이루어지고 있다.

　　UTM을 포함하여 드론의 식별 장치와 관련해서 현재까지는 국제적인 표준은 없다. 다양한 방식의 식별 체계나 장비들이 연구되고 있으며 어떤 단계에서 어떤 장비를 부착할까 하는 것은 매우 중요한 내용이 되기 때문에 미국을 비롯하여 EU, 중국 등에서 경쟁적으로 연구 중이다.

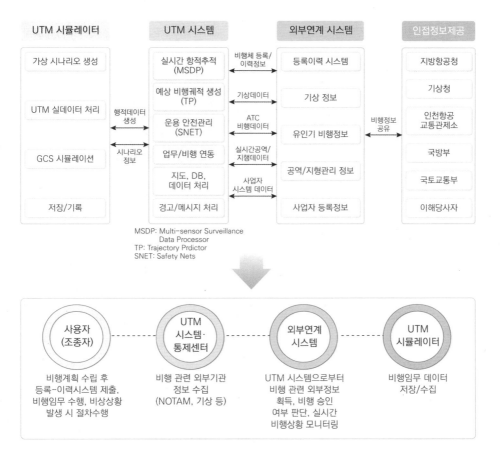

| UTM 시뮬레이터 | UTM 시스템 | 외부연계 시스템 | 인접정보제공 |

| 가상 시나리오 생성 | 실시간 항적추적 (MSDP) | | 비행체 등록/이력정보 | 등록이력 시스템 | | 지방항공청 |

UTM 시뮬레이터
- 가상 시나리오 생성
- UTM 실데이터 처리
- GCS 시뮬레이션
- 저장/기록

(행적데이터 생성 / 시나리오 정보)

UTM 시스템
- 실시간 항적추적 (MSDP)
- 예상 비행궤적 생성 (TP)
- 운용 안전관리 (SNET)
- 업무/비행 연동
- 지도, DB, 데이터 처리
- 경고/메시지 처리

MSDP: Multi-sensor Surveillance Data Processor
TP: Trajectory Prdictor
SNET: Safety Nets

(비행체 등록/이력정보 / 기상데이터 / ATC 비행데이터 / 실시간공역/지행데이터 / 사업자 시스템 데이터)

외부연계 시스템
- 등록이력 시스템
- 기상 정보
- 유인기 비행정보
- 공역/지형관리 정보
- 사업자 등록정보

(비행정보 공유)

인접정보제공
- 지방항공청
- 기상청
- 인천항공 교통관제소
- 국방부
- 국토교통부
- 이해당사자

사용자 (조종자)
비행계획 수립 후 등록-이력시스템 제출, 비행임무 수행, 비상상황 발생 시 절차수행

UTM 시스템· 통제센터
비행 관련 외부기관 정보 수집 (NOTAM, 기상 등)

외부연계 시스템
UTM 시스템으로부터 비행 관련 외부정보 획득, 비행 승인 여부 판단, 실시간 비행상황 모니터링

UTM 시뮬레이터
비행임무 데이터 저장/수집

▌그림 11 한국형 UTM 개발 개념 및 체계도   출처: 항공안전기술원

드론 식별과 관련된 기술에는 다음과 같은 것들이 있으며 이 외에도 식별을 위한 다양한 기술들이 개발되고 있다.

1) Lora

LoRa는 Semtech에서 개발한 저전력 광역 네트워크 프로토콜로서 Long Range의 약자이다. 저전력으로 최대 50km까지의 거리와 통신이 가능하여 차세대 광역 통신기술로 각광받고 있다. Lora만으로는 별도의 식별 정보는 없기 때문에 통신 규격을 표준으로 식별 체계는 다시 고민해야 한다.

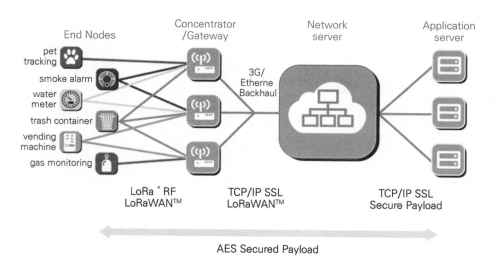

그림 12 Lora 시스템 체계도

2) USIM

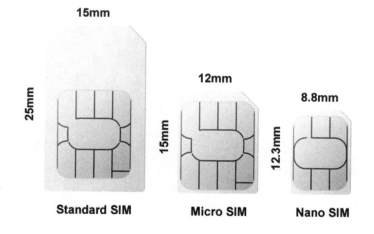

그림 13 USIM 칩

USIM(유심)은 Universal Subscriber Identity Module의 약자로 전 세계 3G/HSDPA 표준가입자 인증방식 서비스이다. 일반적으로 스마트폰이나 태블릿에 가입자 인증을 위해 사용하는데, 스마트폰과 같이 드론에 USIM 칩을 끼워서 사용하자는 아이디어가 있다. 이 경우 드론의 통신을 확인하면 일반 스마트폰의 소유자를 확인하는 것처럼 손쉽게 대상을 확인할 수 있다. 그러나 USIM 칩 삽입을 위한 별도의 장치를 강제하고 USIM 관련 정보를 저장하고 관리해야 하는 문제가 있다.

3) IMEI(International Mobile Equipment Identity)

스마트폰등 통신이 가능한 기기에 내장되어 있는 15자리 숫자로 된 번호이며 단말기 고유 일련번호이다. 이 번호는 단말기의 제조사, 모델 등의 정보를 포함하고 있다. 드론의 통신 정보에 IMEI를 적용하여 발신하게 하자는 의견이 있다. 이 경우 특별한 장치 없이도 드론의 IMEI 정보를 확인하는 경우 소유자 등 식별이 가능하다(드론 등록 시 IMEI와 소유자 정보를 입력, 보관하는 경우).

바. 대응

드론 테러나 침입 등 드론의 실제 위협에 대응하는 방법이다. 드론의 본격적인 사용과 함께 드론의 위협에 대응하기 위한 다양한 기술과 방법들이 개발되어 왔다. 불법 침입하거나 공격하려는 드론에 어떻게 대응할 것인가는 드론 위협을 방어하는 데 역시 가장 핵심적인 내용 중 하나이다. 드론의 등록 및 관리 등 법제도적으로 아무리 관리가 잘 되어 있다고 하더라도 실질적으로 드론의 위협에 대응할 만한 수단이 없으면 관리 체계가 가지는 의미가 없어지기 때문이다. 따라서 실효적 수단으로서의 드론 대응은 매우 중요한 문제이다.

드론의 대응은 크게 두 가지로 구분할 수 있는데 무력화와 파괴이다. 드론의 무력화는 소프트 킬(Soft Kill)이라고도 부르며 드론을 물리적으로 파괴하지 않고 비행 자체만을 하지 못하게 하는 방법이다. 파괴는 직접적인 물리적 공격을 통해 드론의 비행 능력 자체를 없애는 방법을 의미한다. 또한 실제 대응 방법에서는 이러한 특징들이 혼합된 경우도 있다.

1) 재밍

▌그림 14 DroneGun Tactical. 약 2km까지의 목표물의 전파를 교란시킬 수 있다.

출처: 드론 쉴드

▋그림 15 DroneGun MK3. 2.14kg의 가벼운 무게임에도 약 1km까지의 전파를 교란할 수
있다.
출처: 드론 쉴드

　　드론과 조종기 간의 주파수 교신을 방해하여 드론을 조종 불능 상태로 만드
는 방법이다. 재밍(jamming)을 사용하는 경우 조종자는 드론과 교신이 끊기면서
드론은 서서히 착륙하게 되는데 드론을 파괴하지 않고 안전하게 착륙시킬 수 있
으며 2차적인 피해 없이 드론 자체를 회수할 수도 있다는 점에서 큰 장점이 있
다. 그러나 전파 방해에 대한 특별한 허가를 받아야 하고, 다른 비행체나 무선
통신에 영향을 줄 수 있기 때문에 매우 주의를 기울일 필요가 있다. 공항 등의
경우에도 재머를 사용하는 것은 다른 항공기에 영향을 미칠 수 있기 때문에 조
심해야 한다. 또한 조종기와 통신이 없는 사전 프로그램 비행 등의 경우에는 효
과가 없을 수 있다. 최근의 드론 재머들은 크기가 더욱 작아지고 있으며, 기존
총기 등에 부착하여 사용할 수도 있다.

2) 스푸핑(GPS)

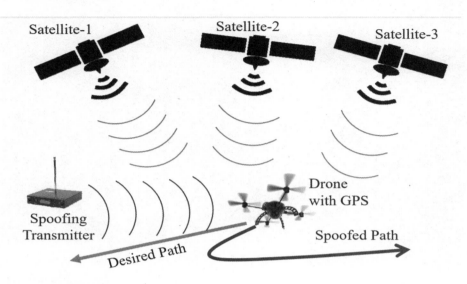

┃그림 16 스푸핑 개념 4
출처: "Drones for smart cities: Issues in cybersecurity, privacy, and public safety" 2016 IWCMC

드론의 GPS 센서에 가짜(spoofing: 속이다) 신호를 보내어 수신기로 하여금 잘
못된 위치 및 시각 정보를 산출토록 하는 기법이다. 재밍이 조종기보다 강한 전파
를 송출하야 조정 신호를 끊는 방법이라면 스푸핑은 기만, 즉 가짜 정보를 보내어
드론을 간접적으로 조종하는 방법이다. 몇 년 전 미국의 무인 공격기가 이란의
GPS 스푸핑에 의해 탈취되면서 중요한 문제로 부각되었는데 이처럼 군사용 무인
기를 비롯하여 상용, 개인용 무인기 모두 GPS 등의 신호를 이용하고 있기 때문에
이러한 공격에 취약할 수 있다. 이러한 문제에 대응하여 최근 무인기들은 GPS 안
전모드 등 나름의 방어 시스템을 갖추기 시작했지만 완전하다고 할 수는 없다. 따
라서 GPS 스푸핑을 통한 드론 대응은 중요한 방법 중 하나이다.

3) 독수리

▎그림 17 드론 방어를 위해 훈련 중인 독수리

독수리를 훈련시켜 드론을 잡는 방법으로 네덜란드, 프랑스 등에서 사용되고 있다. 독수리를 이용한 드론 포획은 생각보다 효과적이라는 의견이 많으며 재밍건과 같은 별도의 전자적 위험성을 동반하거나, 2차 피해를 야기하지 않는다는 점에서도 효과적이다. 그러나 대형 드론을 대상으로 하기 쉽지 않다는 점과 독수리가 부상을 입을 수 있다는 점에서 비판을 받는다.

4) 그물

그물을 발사해 또는 그물을 이용하여 드론을 포획하는 방식이다. 그물은 지상에서 발사하거나 드론에서 발사하는 방법이 있으며 더 단순하게는 드론에 그물을 매달고 낚아채는 방식도 있다.

그물은 드론을 파괴하지 않고 즉시 무력화시킬 수 있다는 점에서 큰 장점을 가지고 있으며 전파 방해나 파괴로 인한 2차 피해가 없다는 점에서도 좋은 평가를 받는다. 그러나 그물총(Net-Gun) 자체의 비용이 비싸고 다른 대응 수단에 비해 정확도를 담보하기 힘들다. 특히 드론에 그물을 다는 방식은 드론을 따라가서 그물에 걸리게 해야 하는데 실제 가능한지 여부에 대해 많은 비판을 받는다.

▌그림 18 대표적인 그물총 Skywall 100. 파괴가 아닌 방법으로 드론을 잡는 대표적인 그물총 중의 하나이다. 100m 정도로 사정거리가 짧고 그물총 자체의 가격이 비싸다는 단점 이 있다.　　　　　　　　　　　출처: https://openworksengineering.com/skywall-patrol/

▌그림 19 최근 자동 추적과 발사가 가능하도록 개발된 SKYwall auto.

출처 https://openworksengineering.com

▌그림 20 드론에서 발사하는 그물총 방식

5) EMP(ElectroMagnetic Pulse)

전자기 펄스를 이용하여 드론을 막는 방법이다. 전자기 펄스는 짧은 시간에 퍼져가는 강력한 파장인 전자기파를 이용한 것으로 핵무기 등을 이용한 EMP 공격들이 오래전부터 연구되고 있으며 최근에는 미사일이나 드론에 EMP 장비를 실어 사용하는 방법도 있다. 결과적으로 일정 지역내 모든 전자기기가 멈추고 영구적인 손상을 입게 되는데 이러한 EMP 방식을 이용해 드론을 공격하는 것이다. EMP는 재밍건과 달리 일정 지역에 강력한 피해를 입히게 되므로 드론과 같은 경우에는 소형 탄두나 수류탄 형식 등으로 대응하는 방식이다. 그러나 드론만을 타깃으로 한 정확한 공격이 어려워 잘못하는 경우 일대의 다른 전자기기가 모두 심각한 영향을 받을 수 있고 EMP 대응이 된 기체들에 대해서는 효과가 미미할 수 있다.

▌그림 21 EMP 공격 개념도   출처: 블랙볼트닷컴

6) 총기(화기)

GOING TO EXTREMES WITH DRONES

▌그림 22 샷건을 이용하여 드론을 공격하는 모습   출처: http://dronereview.com/

일반적인 총기를 이용하여 드론을 공격하는 방식이다. 소총이나 권총, 저격총 등 모든 화기가 해당된다. 실제로는 소총이나 권총의 경우 움직이는 드론을 맞추는 것이 어렵고 저격총의 경우에는 더욱 어렵다. 또한 한두 발을 맞힌다고 하더라도 핵심 부위에 맞히지 않으면 드론이 그대로 추락하지는 않을 가능성이 높다. 총기 중에서는 샷건(산탄총)이 그나마 맞히기가 쉽고 가장 효과가 높다고 보는데 사정거리가 매우 짧아 드론이 일정 범위(고도와 거리) 내에 들어오기 전에는 효과가 미미하고, 일정거리에 들어온 이후에는 의미가 없을 수 있다. 또한 드론에 폭탄이 탑재되어 있는 경우에는 총기를 사용하기 힘들고 폭탄이 없는 경우라 하더라도 추락 시 2차 피해가 있을 수 있어 여러 가지 어려움이 있다.

7) 미사일

대공미사일 등을 통해 드론을 격추하는 방법이다. 휴대용 대공미사일 스팅어 등을 사용하여 드론을 공격하는 방식으로 중동 등에서 사용된 예가 있다. 그러나 휴대용 미사일은 어느 정도 크기 이상의 드론들에 대해 공격이 가능하고 실질적으로 군사 무기이므로 일상적인 대 드론 기술로 사용하기는 힘들다.

또한 미사일은 대당 발사 가격이 수천만 원(스팅어)에서 수백억 원에 이르기 때문에 비용적인 면에서도 많은 문제가 있다(이전 300달러짜리 드론을 격추시키기 위해 34억 원의 패트리어트 미사일을 발사했다는 이야기도 있다).

┃ 그림 23 휴대용 대공미사일 스팅어(Stinger)

8) 레이저

레이저 무기를 통해 드론 등 목적물을 격추시키는 시스템이다. 미국을 비롯해 중국, 우리나라 등 다양한 국가에서 레이저 무기의 가능성에 따라 지속적으로 개발 중이다. 레이저 무기는 작고 빠른 대상을 공격하기 좋고, 1회 발사비용이 매우 저렴(수 달러 이내)하기 때문에 장점을 가지고 있다.

그러나 아직까지 대부분의 레이저 무기들은 영화와 같이 목표 자체를 직접적으로 순식간에 파괴하는 것이 아니라 수 초 이상 레이저를 발사하여 목표물에 화재를 일으키거나 특정 부위를 파괴하는 방식으로 매우 제한적인 상황에서만 사용될 수 있으며 휴대용 미사일과 같이 군사용 무기에 해당되기 때문에 일반적으로는 사용할 수 없다. 또한 현재 개발되는 레이저 무기들은 발사비용이 저렴한 반면 수백억~수조 원에 이르는 개발 및 구매비용이 들기 때문에 매우 제한적으로 사용될 것으로 추정된다.

┃그림 24 레이더 센서와 레이저 무기로 구성된 록히드마틴 사의 대 드론 시스템
ATHENA(Advanced Test High Energy Asset)

9) 고출력 전파 발사장비

고주파를 이용해 드론을 타격하는 방법이다. 러시아, 미국, 중국, 일본 등에서 개발 중이거나 이미 배치하였으며 고주파 장치를 통한 강력한 전자파를 통해

전자시스템을 공격하거나 사람을 무력화하는 방법이다. 러시아는 10km 밖의 드론을 격추시키거나 미사일을 무력화시킬 수 있다고 얘기하고 있다. 전파를 이용하는 점에서 재밍 기술과 유사한 점이 있지만 재밍이 전파의 교란이라고 하면 고출력 전파 발사장치는 전파 자체를 이용하여 공격하는 점에서 차이가 있다. 고출력 전파 발사장비 역시 군용 무기로 분류되며 일반적으로는 사용하기 힘들다. 최근 중국과 인도의 국격 분쟁에서 중국군이 같은 개념의 장비(극초단파)를 사용하여 문제가 되기도 하였다.

▌그림 25 마이크로웨이브건을 탑재한 러시아 군용차량.　　　　출처: 러시아 연방 국방부

10) 물리적 대응의 한계

(1) 표준화된 기술의 부재

물리적 대응의 경우 각 국가별로 다른 방식을 사용하고 있고, 계속해서 새로운 기술이 개발 중이다. 또한 드론 문제 역시 안보와 결합되어 있기 때문에 국가별로 안티드론 기술들을 개발하고 있는 곳이 많다. 따라서 현재 표준화되었다고 볼 만한 기술이 없으며 이로 인해 어떤 대응 방식을 선택할지에 대해서 혼란스러운 상황이 될 수 있다.

(2) 비용의 불균형성

안티드론의 가장 근본적인 문제점 중 하나이다. 차량의 경우 차의 불법 침입을 막기 위해 바리케이드를 설치하는 경우 차량과 바리케이드 사이에는 비용적 균형이 존재할 수 있다. 즉 방어하는 경우 공격자에 비해 훨씬 저렴한 비용으로 대응이 가능하다. 그러나 드론의 경우 이와는 정반대의 현상이 발생한다. 즉 100만 원 남짓의 드론을 막기 위해 수십억 원 이상의 방어 시스템이 필요하게 되는 것이다. 전 국토와 시설에 드론 방어 시스템을 설치할 수 없기 때문에 이러한 점은 큰 문제가 될 수 있다.

(3) 따라가기식 기술개발의 한계

드론은 매우 급속도로 진화하면서 발전하고 있다. 단거리 조종 범위를 벗어나 수킬로 대의 조종 거리를 쉽게 확보하게 되었으며 4G나 5G 등 통신망을 이용하는 경우 조종 거리에 실질적인 제약이 없게 된다. 또한 오토파일럿(자동비행) 항법장치를 적용하거나 GPS 교란 방어 시스템을 설치하는 경우도 충분히 예상된다. 이러한 경우 현재의 드론 방어 시스템으로는 적절한 효과를 거두기 힘들다. 드론을 교란시키기 위한 재머가 개발되면 재머를 방어할 수 있는 시스템이나 방법이 개발된다. 이러한 따라가기식(follow) 방법의 드론 방어의 경우 새로운 방어 기술이 개발되기까지 간극이 있을 수밖에 없으며 점점 더 어려워질 수 있다. 디도스와 같은 사이버 공격이나 테러에 대응하는 시스템과 유사하다고 볼 수도 있다. 드론의 경우에도 따라가기식 기술개발에는 항상 한계점이 있을 수밖에 없다.

(4) UAV외 새로운 기술의 위협 가능성

공중만이 아니라 지상, 수중, 수상 등 다양한 방식의 드론 공격이나 위협이 있을 수 있다. 현행 레이더 시스템과 같은 경우 수상이나 수중에서 접근하는 소형 위험 물체를 탐지하는 것은 불가능하며 10cm 이하의 작은 공중 물체 역시 대응이 곤란하다. 새로운 기술과 그에 따른 장비의 개발 등 새로운 기술에 대한 위협 가능성은 항상 존재한다.

사. 분석

드론에 의한 공격이나 테러를 막는 직접 대응 수준을 넘어 드론의 위협을 근본적으로 막기 위해서는 드론들의 조종자를 찾고, 비행 경로나 추락 원인을 분석할 수 있어야 하며 드론의 제조처나 소유자를 확인 가능해야 한다. 드론 한 대의 침입이나 위협을 막아 낸다고 하더라도 조종자나 소유자를 확인하지 못한다면 위협 원인은 그대로 존재하게 된다. 따라서 추락하거나 파손, 포획된 드론들을 분석하여 핵심 정보들을 취득하는 것은 1차적인 대응을 넘어 보다 중요한 위협을 막을 수 있다. 현재 드론에 대한 분석은 여러 방식으로 이루어지고 있지만 이에 대한 체계적인 분석 방식은 정립되지 않았다. 지속적으로 증가할 드론의 사용과 위협에 대응하기 위해서는 드론을 분석할 수 있는 다양한 방법들을 체계화하여 드론 위협에 대응할 수 있는 수단을 갖추는 것이 중요하다.

2014년 3월경 불상의 무인기 두 대가 파주시와 백령도에 추락하여 발견되었다. 한 달 뒤인 같은 해 4월경 강원도 삼척에 다시 추락한 무인기가 발견되었다. 같은 해 9월경에는 백령도 인근에서도 추락한 무인기가 발견되는 등 2014년에만 네 건의 추락 무인기가 발견되었고 2017년 6월 9일. 강원도 인제에서도 추락한 상태로 무인기가 발견되었다.

당시 추락한 무인기들을 분석한 결과 발진 지점과 복귀 기점에 대한 비행 경로 분석, 촬영 사진 등을 근거로 북한의 소형 무인기임을 국방부에서 공식 발표하였다. 그리고 이에 따라 북한 무인기들에 대한 위협을 인지하고 침입을 막기 위한 여러 가지 연구가 본격적으로 시작되었다. 이러한 것과 같이 일회성의 위협을 막는 것을 넘어 본질적인 위협을 제거하고 관리하기 위해서는 드론에 대한 사후분석이 매우 중요한 의미를 갖는다.

▌그림 26 백령도 추락 무인기

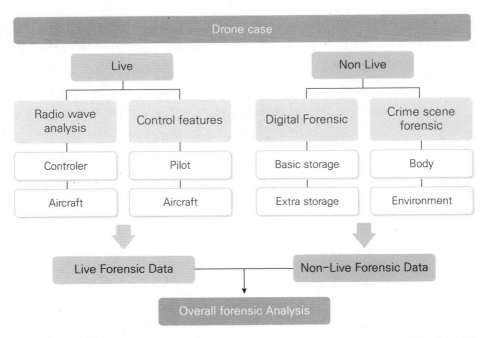

▌그림 27 드론 분석 체계도   출처: 저자 작성

드론의 사후 분석에 대해서는 그동안 여러 가지 연구가 있었지만 대부분의 연구들이 드론 분석을 디지털 정보 분석에 한정하는 등 한계가 있었다. 따라서 드론에 대한 범죄 분석(드론 포렌식)은 기존의 흔적증거 분석과 디지털 포렌식 분석의 두 가지가 함께 고려되어야 하며 관련된 기법을 정의하고 체계를 정립하는 것이 필요하다.

드론 포렌식 개요는 위 그림과 같은데 우선 크게는 라이브 포렌식과 논라이브 포렌식으로 구분한다. 라이브 포렌식의 경우 일반적인 디지털 장치와 같이 드론이 켜져 있는 상태, 즉 비행 중인 상태에 정보를 취득하는 방법을 의미한다. 논라이브 포렌식의 경우 디지털 포렌식과 현장증거 포렌식으로 구분할 수 있다.

1) 라이브 포렌식

라이브 포렌식은 드론의 실시간 위치 분석, 추적하는 방식을 의미한다. 일반적인 드론의 탐지 및 식별 기술은 특정한 지역 내에 드론이 비행 중인 여부를 확인하는 것이다. 라이브 포렌식은 드론의 식별이나 탐지보다는 드론의 실시간 분석을 통해 비행 중인 드론의 정보를 획득하거나 드론 조종자의 위치를 찾는 것을 의미한다.

(1) 드론의 실시간 분석

드론의 실시간 분석 기법은 비행 중인 드론의 주파수 및 기체의 특징과 관련하여 드론을 정보를 분석하는 것을 의미한다. 드론의 정보 분석은 드론의 제조사, 조종 주파수, 사용 중인 OS 등을 분석하는 것이고 더욱 기술적으로 들어가면 드론의 조종 신호를 분석하여 이를 방해하거나 가로채는 기술까지 연계될 수도 있다. 안티드론 기술 중 해킹이나 드론 식별 관련 기술들과 관련성이 깊다.

2) 디지털 포렌식

디지털 포렌식 분야에서는 드론과 관련된 여러 가지 연구 사례들이 있다. 드론의 디지털 포렌식은 자체저장장치와 별도저장장치로 구분할 수 있다. 일반적인 드론의 경우 FC 등에 비행 관련 데이터 등을 저장하면서 동영상이나 사진촬영의 경우 마이크로 SD카드나 SSD 등을 이용하여 저장하는 경우가 많다. 자체저장장치를 내부(Internal) 저장장치라고 명명하고, 별도저장장치를 외부(External) 저장장치라고 명명할 수도 있다.

(1) 자체저장장치 대한 디지털 포렌식

자체저장장치는 드론에 기본적으로 탑재된 데이터 보관장치를 의미하는데 FC에 있는 ROM이나 분리 불가능한 저장장치를 의미한다. 드론의 디지털 포렌식과 관련해서는 자체저장장치에 있는 데이터가 매우 중요한데 드론의 비행로그 및 관련 데이터가 기본적으로 이곳에 저장되기 때문이다. 따라서 이를 통해 비행시간, 비행거리, 비행경로 등의 기본적인 정보부터 드론 FC의 OS(운영체제)와 제조처, 자력, 가속도, 기압, 거리, 비전, IMU와 같은 센서값 등 드론의 핵심적인 데이터를 획득할 수 있기 때문이다. 이러한 데이터들은 휘발성으로 사라지거나 내부메모리의 용량에 따라 일정한 보관기간의 한계를 갖는 경우가 많기 때문에 이에 대해서는 별도의 전문적인 기술분석이 필요하다. 최근 경찰인재개발원등에서 개발 예정인 드론 사고분석 프로그램 등이 이러한 기술분석의 예시가 될 수 있다. 자체저장장치의 경우 중요한 데이터가 저장될 확률이 매우 높지만 제조사에서 이를 암호화하거나 특정 프로그램 등을 통해 필요한 부분만 제공하게 될 가능성이 많아 Raw Data를 얻기 위한 별도의 노력이 필요한 경우가 많고, 저가형 드론들의 경우 자체저장장치에 대한 접속포트가 없거나 데이터가 저장되지 않을 가능성이 있다는 점, 또한 추락이나 파손 시 데이터가 훼손될 가능성이 높다는 점에서 기술적 난제들이 있다.

(2) 별도저장장치에 대한 디지털 포렌식

드론에 별도로 삽입하는 마이크로SD카드나 대용량 SSD 등에 대한 디지털 분석을 의미한다. 드론의 촬영 결과물은 이러한 별도저장장치에 저장되는 경우가 대부분인데 저장된 사진이나 동영상 기타 데이터의 위치정보나 촬영 결과물의 분석을 통해 사용목적이나 촬영목적, 비행경로 등을 추정할 수 있다. 별도저장장치의 경우 자체저장장치에 비해서는 데이터 중요도가 떨어진다고 인식될 수 있지만 실제 현장에서 쉽게 비행경로, 비행시간 등을 확인할 수 있고 드론의 사용목적을 결정적으로 추정할 수 있다는 점에서 역시 매우 중요하다. 특히 성폭력특별법 등과 관련된 드론 범죄[2] 등의 경우 촬영 결과물이 범죄 증거가 되기 때문에

---

2) 성폭력범죄의 처벌 등에 관한 특례법 제14조(카메라 등을 이용한 촬영) ① 카메라나 그 밖에 이와 유사한 기능을 갖춘 기계장치를 이용하여 성적 욕망 또는 수치심을 유발할 수 있는 다른 사람의 신체를 그 의사에 반하여 촬영하거나 그 촬영물을 반포·판매·임대·제공 또는 공공연하게 전시·상영한 자는 5년 이하의 징역 또는 1천만 원 이하의 벌금에 처한다.

매우 중요한 분석 대상이 된다. 최근 일부 드론들은 촬영 시 별도저장장치가 없는 경우 촬영을 위한 자체저장장소를 가지고 있는 경우도 있기 때문에 이에 대한 확인도 필요하다.

(3) 드론 포렌식 프로그램

최근 경찰청과 ㈜한글과 컴퓨터 등에서는 드론 포렌식 프로그램 등을 공동 개발하고 있다. 이는 최근 드론 사고나 드론을 이용한 범죄도 급격하게 증가하고 있음에도 불구하고 현재까지 드론의 비행기록 및 데이터를 전문적으로 취득·분석할 수 있는 프로그램이 없어, 사고 및 불상의 원인으로 추락한 드론으로부터 드론의 비행데이터를 추출하고 분석할 수 있는 프로그램을 개발하기 위한 것이다.

드론 포렌식 프로그램은
- 추락하거나 포획한 드론에 접속하여 이륙위치, 비행경로, 추락위치 및 각종 센서 데이터를 획득
- 획득한 데이터는 지도연동, 타임라인 표시, 모델링 등을 통해 시각화하고 자료를 저장, 공유할 수 있는 시스템 구축
- 데이터의 딥러닝(Deep Learnig) 등을 통해 드론의 추락 원인 등을 분석, 결과값 제시

하는 내용으로 이루어져 있으며 2021년 말까지 개발완료를 목표로 진행 중이다. 드론 포렌식 프로그램이 개발되면 드론 등에 대한 전문적인 분석 프로그램의 활용이 가능해지기 때문에 드론 테러나 범죄 등에 대한 위협 대응에서부터 사고원인 분석을 통한 기술적 피드백까지 다양한 분야의 활용이 가능할 것으로 보인다.

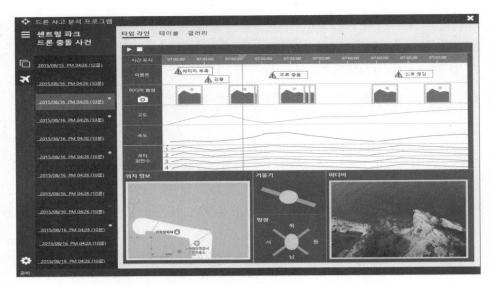

┃그림 28 경찰청·한컴 등이 공동 개발 중인 드론 포렌식 프로그램(1)

┃그림 29 경찰청·한컴 등이 공동 개발 중인 드론 포렌식 프로그램(2)

3) 현장증거 포렌식(Trace Forensic)

현장감식 기법을 이용하여 드론을 분석하는 기법을 의미한다. 현장감식 기법은
드론 자체를 감식하는 기법과, 드론의 추락 환경 등을 분석하는 환경분석 기법으

로 구분할 수 있다.

▌그림 30 위에서 시계 방향, 포렌식 대상 기체들, 실험진, 지문 채취 실험, DNA 채취 실험

(1) 자체 감식기법

드론 기체 자체를 감식하는 기법들을 의미한다. 기본적으로는 지문, DNA, 기타 미세증거 등을 이용하여 드론의 소유주 등을 확인하거나, 드론에 사용된 부품 등을 확인하여 제조처, 제조국 등을 확인하는 것을 의미한다. 현재 개인이 사용하는 대부분의 드론은 12kg 이하로 등록제의 적용을 받지 않기 때문에 드론 자체로는 소유주를 확인하는 것이 쉽지 않다. 따라서 드론에 대한 현장감식 기법은 소유주나 조종자를 찾는 데 있어 매우 유용한 기법 중의 하나가 될 수 있다. 일반적인 드론은 그 특성상 프로펠러나 본체 배터리 등에 지문이나 DNA 기타 미세증거가 남아 있을 확률이 있으므로 이에 대한 확인이 필요하다. 그러나 국내에 등록되지 않은 사람이 제작하거나, 장갑 등을 이용한 경우에는 확인이 어려울 수 있다. 일반적으로는 플라스틱, 마그네슘이나 알루미늄합금, 카본 등에 대한 현장 감식 기법을 적용할 수 있다. 비행 후 드론의 표면 분석을 통해 드론과 관련된 추가정보를 얻을 가능성도 있다.

(2) 환경 분석 기법

드론의 주변환경을 분석하는 기법을 의미한다. 추락환경 분석을 통해 드론의 추락 방향이나 비행 방향 등을 추정하거나 추락 속도, 고도 등을 추정할 수 있으며 별도의 자기장 분석 등을 통해 외부적 추락 원인에 대한 추정도 가능하다. 또한 드론이 이륙하였거나 조종자가 있었던 주변의 분석을 통해 드론이나 조종자와 관련된 유류 증거를 찾을 가능성도 있다. 일반적인 교통사고 현장의 감식기법이나 안전사고 현장의 감식기법 등이 사용될 수 있다.

4) 드론 분석 기법 알고리즘

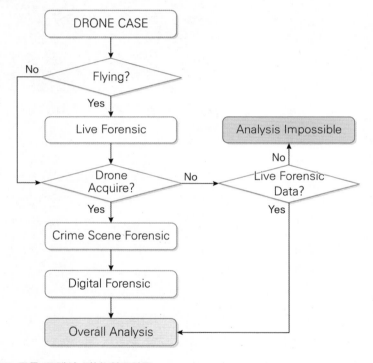

▌그림 31 드론 포렌식 기본 알고리즘

전체적인 드론 포렌식의 체계도를 정리해 볼 때 포렌식 알고리즘은 그림과 같이 구성할 수 있다. 즉 일반적으로 드론이 비행 중인 경우 실시간 분석을 우선 실시하고 이후 드론을 확보한 경우에 추가적으로 디지털 포렌식과 현장감식 기법

분석을 실시할 수 있다. 실제 결과는 ① 라이브 포렌식 데이터와 사후 데이터를 모두 취득한 경우 ② 라이브 포렌식 데이터만 취득한 경우 ③ 라이브 포렌식 데이터는 취득하지 못하고 사후 포렌식 데이터만 취득한 경우 ④ 둘 다 취득하지 못한 경우의 4가지 유형이 있을 수 있다. 최근 사건들의 발견 사례와 현재의 기술수준을 고려할 때에는 이 중에서 ③번의 유형이 가장 많을 것으로 추측할 수 있다.

포렌식의 순서는 기본적으로 비행 중인 경우의 라이브 포렌식이 먼저 되는 것이 일반적이다. 현장감식 기법과 디지털 분석기법은 디지털 분석을 위해서는 일반적으로 대상을 만지거나 옮겨야 하고 이 과정에서 감식 증거들이 훼손될 수 있기 때문에 DNA나 지문감식과 같은 현장감식 기법을 먼저 실시하고, 그 이후에 디지털 증거분석을 실시하는 것이 바람직하다. 그러나 지문이나 DNA와 같은 현장감식 기법의 경우 상당한 시간이 소요될 수 있으므로 급박한 현장 상황에 따라서는 최대한 증거를 훼손하지 않는 범위에서 디지털 분석을 먼저 실시하는 것도 가능할 것으로 보인다.

이와 같이 드론 포렌식 기법은 드론의 위협에 근본적으로 대응할 수 있도 드론에 대한 방어체계를 구축하거나 관련 기술을 확보하는 데도 큰 의미를 갖는다. 드론의 사용자와 비행경로, 기체 등의 확인을 통해 추가적인 위험이 발생하지 않도록 관리할 수 있으며, 드론 기체의 기술분석과 침입경로 등을 파악하면 현재 방어 시스템의 문제나 침입 기술 등을 분석하여 대응할 수 있는 기회가 생기는 것이다.

현재까지 드론 포렌식은 활발하게 연구되고 있지는 않지만 이러한 이유로 향후 매우 중요한 연구 분야가 될 수 있다.

CHAPTER
04

드론 위협의 대응
(법률적 제도적 대응)

드론에 대한 물리적 대응만큼이나 중요한 것은 드론에 대한 법제도적 대응이다. 제도적 대응은 법률이나 각종 제도를 통해 드론을 관리하고, 통제하는 방법이다. 총기의 위협을 방탄복이나 방탄차량으로만 막을 수 없는 것처럼 물리적 대응만으로는 결코 드론의 위협을 통제할 수 없다. 총기로부터 안전성을 확보하는 것에는 총기를 규제하고 관리하고 단속하는 법률의 역할이 사실 더욱 크다고 할 수 있다. 이처럼 드론의 위협에 대응하기 위해서는 법제도적인 대응이 매우 중요하다.

1. 드론에 대한 법률적 검토

드론 위법행위 관련 주요 법률			
구분	주요 법률 및 규정	내용	비고
항공안전법	조종자 준수사항	1. 위험한 낙하물 투하행위 2. 다중인의 상공에서 위험비행 3. 건축물 충돌우려 근접 비행 3. 비행제한구역 비행 4. 지상 미식별 상태 비행 6. 야간 비행 7. 음주 및 환각물질 흡입 후 비행 (150m 미만) 9. 기타 비정상 비행 10. 초경량비행장치 사고 미신고	• 과태료(500만 원 이하)규정 • 형사처벌 규정 없음
	초경량 비행장치 불법사용	1. 조종자 자격증명 없이 비행 2. 안전성 인증을 받지 않고 비행	• 조종자 자격은 12kg 이상 조종 시만 해당 • 안전성 인증은 25kg 이상 기체만 해당
형법	주거침입	드론에 의한 주거침입	사람이 주체가 아니라 적용 불가
	주거수색	드론을 이용하여 주거 등을 수색	사람이 주체가 아니라 적용 불가
	과실치사상 (업무상포함)	드론 비행으로 사람을 다치거나 죽게 한 경우	• 적용 가능 • 고의성이 있으면 해당 죄명 적용 (상해 등)
	재물손괴	드론으로 재물을 손괴한 경우	고의가 인정되는 경우만 적용 가능

드론 위법행위 관련 주요 법률			
구분	주요 법률 및 규정	내용	비고
기타특별법	경범죄처벌법	드론으로 경범죄처벌법 해당 행위를 한 경우	정확한 해당 죄명 없음
	성폭력방지특별법	드론으로 성적 목적 촬영을 한 경우	처벌 가능(촬영물 배포도 처벌 가능) • 옷을 입고 있거나 실제 촬영에 들어가지 않았다면 적용 곤란
	개인정보보호법	드론으로 타인의 영상을 촬영	• 단순한 촬영만으로는 적용 곤란 (개인정보처리자인 경우만 처벌 가능)
	위치정보법	드론을 이용하여 타인을 미행	전기통신기기(통신비밀보호법)에 해당하지 않아 적용 곤란
	군사기지법	• 비행안전 구역 내 비행 • 군사시설을 촬영한 경우	• 비행안전구역 비행금지 구역은 항공안전법과 별도로 적용 가능 • 군사시설 촬영 시 처벌 가능 (군사시설이 아닌 곳의 촬영 시 처벌 곤란)
	교통사고처리특례법	드론으로 운전자를 사상하거나 차량을 손괴한 경우	차의 교통이 아니라 적용 곤란
	전파법	1. 전파인증을 받지 않은 경우 2. 전파출력을 위반한 경우	1. 전파적합성 심사를 받지 않은 기자재를 제조·수입한 경우(개인이 1대 수입한 경우 제외) 2. 레이싱 경기 등에 전파 출력을 위반한 경우
대응	경찰관직무집행법	1. 범죄혐의가 있는 경우 (불법촬영 등) 2. 위험 발생이 예상되는 경우	1. 체포 등 기타 수사절차 이행 가능 2. 즉시강제 등 위험 발생 방지조치 가능
	대통령경호법	드론의 위협이 있는 경우	위해방지 안전활동 가능(경호구역내)
	전파법	드론 재머 등 사용 가능 여부	경호, 군사활동, 대테러, 공항, 원자력방호 및 이와 관련한 경찰활동에 사용 가능
	항공안전법	군용 드론 세관·경찰용 드론	1. 군용 드론은 항공법 적용 제외 2. 세관·경찰 항공법 적용 제외(일부 규정 적용)

표 1 불법드론 관련 법률 개요도

가. 현행 법체계 개관

우리나라의 드론 관련 법률은 항공법을 중심으로 규정하여 왔는데 항공법이 2017년 3월 30일 폐지되고, 항공안전법, 공항시설법, 항공사업법으로 분화되고 2020년 5월 1일부터는 드론 활용의 촉진 및 기반조성에 관한 법률(약칭 드론법)이 제정되어 시행되었다.

항공안전법은 항공기나 초경량비행장치가 안전하게 항행하기 위한 방법을 정한 법률로 항공기의 등록, 형식 및 기술기준 설정, 항공종사자의 자격, 항공기 운항 등을 규정하고 있으며 드론과 관련해서 가장 핵심적인 법률이 되고 있다.

공항시설법은 공항과 비행장 및 항행안전시설의 설치 및 운영에 관련된 사항을 규정한 것으로 공항이나 비행장의 안전을 확보하는 데 중점을 두고 있으며 특히 안티드론(Anti-Drone)과 관련한 중요한 쟁점들을 가지고 있다.

항공사업법은 항공사업과 관련된 내용을 규정하고 있어 사업적인 면에서 드론과 관련된 법률이라고 볼 수 있다.

드론법은 드론 활용의 촉진 및 기반조성, 드론 시스템의 운영·관리 등에 관한 사항을 규정하는 것으로 드론 산업의 발전기반 조성에 그 목적이 있다.

다음으로는 드론을 직접적으로 규정하는 법률 외에 형법이나 기타 특별법에서 고려해야 할 사항이 있다. 형법과 관련해서는 드론에 의한 주거침입죄, 주거수색죄, 업무상과실치사상죄 등의 문제가 있고 특별법 관련으로는 개인정보보호법이나 위치정보법, 통신비밀보호법 등이 있으며 기타 경범죄처벌법 등에 대한 검토가 필요하다.

그 외에도 드론과 관련된 제조, 배상, 사고 조사, 안전성 인증, 장치 신고 등 드론의 운영이나 사업과 관련된 다양한 법률들이 있다.

드론 정의	드론 활용의 촉진 및 기반조성에 관한 법률		항공안전법		항공사업법
장치 신고	항공안전법	초경량비행장치 신고요령			
안전성 인증		전파법	농업기계화 촉진법	초경량비행장치의 비행안전을 확보하기 위한 기술상의 기준	
사업자 등록	항공사업법				
조종자 증명	항공안전법	초경량비행장치의 조종자의 자격기준 및 전문교육기관 지정 요령			
비행 승인		초경량비행장치의 비행안전을 확보하기 위한 기술상의 기준			
조종자 준수사항		개인정보 보호법	위치정보의 보호 및 이용 등에 관한 법률	무인비행장치 특별비행을 위한 안전기준 및 승인절차에 관한 기준	
사고조사	항공철도 사고조사에 관한 법률		교통사고처리특례법		
손해배상 및 책임	제조물 책임법	자동차손해배상보장법		민법	형법
기타	도로교통법	교통안전법	공항시설법	자동차관리법	산림보호법
	국가정보원법	경찰 무인비행장치 운용규칙	소방 무인비행장치 운용규정	공공측량 작업규정	

▮그림 1 드론 관계 법령 개요도   출처: 법제연구원(박세훈 박사)

이와 같이 드론과 관련된 다양한 법률들이 있으나 본 내용에서는 드론의 위협 및 이에 대한 대응과 관련된 내용들을 중심으로 법률들을 검토하고자 한다.

나. 드론 위협 및 대응 관련 주요 법률

1) 드론 특별법

드론과 직접적인 관계에 있는 특별법으로 항공안전법, 공항시설법, 항공사업법 등이 있다. 기본적으로 항공안전법은 항공기, 경량항공기, 초경량비행장치 등이 안전하게 비행하기 위한 방법을 규정한 법률이다.

□ 항공안전법

[시행 2020. 6. 9.] [법률 제17463호, 2020. 6. 9., 일부개정]

제1장 총칙

제1조(목적) 이 법은 「국제민간항공협약」 및 같은 협약의 부속서에서 채택된 표준과 권고되는 방식에 따라 항공기, 경량항공기 또는 초경량비행장치의 안전하고 효율적인 항행을 위한 방법과 국가, 항공사업자 및 항공종사자 등의 의무 등에 관한 사항을 규정함을 목적으로 한다. 〈개정 2019. 8. 27.〉

제2조(정의) 이 법에서 사용하는 용어의 뜻은 다음과 같다.

3. "초경량비행장치"란 항공기와 경량항공기 외에 공기의 반작용으로 뜰 수 있는 장치로서 자체중량, 좌석 수 등 국토교통부령으로 정하는 기준에 해당하는 동력비행장치, 행글라이더, 패러글라이더, 기구 류 및 무인비행장치(5. 무인비행장치: 사람이 탑승하지 아니하는 것으로서 다음 각 목의 비행장치

    가. 무인동력비행장치: 연료의 중량을 제외한 자체중량이 150킬로그램 이하인 무인비행기, 무인헬리콥 터 또는 무인멀티콥터

    나. 무인비행선: 연료의 중량을 제외한 자체중량이 180킬로그램 이하이고 길이가 20미터 이하인 무인 비행선 등을 말한다.)

8. "초경량비행장치사고"란 초경량비행장치를 사용하여 비행을 목적으로 이륙[이수(離水)를 포함한다. 이하 같다]하는 순간부터 착륙[착수(着水)를 포함한다. 이하 같다]하는 순간까지 발생한 다음 각 목의 어느 하나에 해당하는 것으로서 국토교통부령(1. 경량항공기 및 초경량비행장치에 탑승한 사람이 사망하거나 중상을 입은 경우. 다만, 자연적인 원인 또는 자기 자신이나 타인에 의하여 발생된 경우는 제외한다. 2. 비행 중이거나 비행을 준비 중인 경량항공기 또는 초경량비행장치로부터 이탈된 부품이나 그 경량항공기 또는 초경량비행장치와의 직접적인 접촉 등으로 인하여 사망하거나 중상을 입은 경우으로 정하는 것을 말한다) 가. 초경량비행장치에 의한 사람의 사망, 중상 또는 행방불명 나. 초경량비행장치의 추락, 충돌 또는 화재 발생 다. 초경량비행장치의 위치를 확인할 수 없거나 초경량비행장치에 접근이 불가능한 경우

항공안전법은 드론을 초경량 비행장치 중 무인 동력비행장치에서 규정하고 있으며 연료를 제외한 기체의 무게가 150kg 이하인 무인 비행기, 무인 헬리콥터, 무인 멀티콥터를 무인 동력비행장치로 정의하고 있다. 따라서 고정익형 드론, 멀티콥터형 드론, VTOL형 드론들은 대부분 위 조항의 적용을 받는다.

□ 초경량비행장치관련 등록신고 규정

제10장 초경량비행장치

제122조(초경량비행장치 신고) 1 초경량비행장치를 소유하거나 사용할 수 있는 권리가 있는 자(이하 "초경량비행장치소유자등"이라 한다)는 초경량비행장치의 종류, 용도, 소유자의 성명, 제 129조제4항에 따른 개인정보 및 개인위치정보의 수집 가능 여부 등을 국토교통부령으로 정하는 바에 따라 국토교통 부장관에게 신고하여야 한다. 다만, 대통령령으로 정하는 초경량비행장치는 그러하지 아니하다.

제123조(초경량비행장치 변경신고 등) 1 초경량비행장치소유자등은 제122조제1항에 따라 신고한 초경량비행장치의 용도, 소유자의 성명 등 국토교통부령으로 정하는 사항을 변경하려는 경우에는 국토교통부령으로 정하는 바에 따라 국토교통부장관에게 변경신고를 하여야 한다.

□ 항공안전법 시행령

[시행 2019. 11. 28.] [대통령령 제30062호, 2019. 8. 27., 일부개정 신고를 요하지 않는 초경량비행장치

제24조(신고를 필요로 하지 아니하는 초경량비행장치의 범위) 법 제122조제1항 단서에서 "대통령령으로 정하는 초경량비행장치"란 다음 각 호의 어느 하나에 해당하는 것으로서 「항공사업법」에 따른 항공기대여업·항공레저스포츠사업 또는 초경량비행장치사용사업에 사용되지 아니하는 것을 말한다.
1. 행글라이더, 패러글라이더 등 동력을 이용하지 아니하는 비행장치
2. 계류식(繫留式) 기구류(사람이 탑승하는 것은 제외한다)
3. 계류식 무인비행장치
4. 낙하산류
5. 무인동력비행장치 중에서 연료의 무게를 제외한 자체무게(배터리 무게를 포함한다)가 12킬로그램 이하인 것
6. 무인비행선 중에서 연료의 무게를 제외한 자체무게가 12킬로그램 이하이고, 길이가 7미터 이하인 것
7. 연구기관 등이 시험·조사·연구 또는 개발을 위하여 제작한 초경량비행장치
8. 제작자 등이 판매를 목적으로 제작하였으나 판매되지 아니한 것으로서 비행에 사용되지 아니하는 초경량비행장치
9. 군사목적으로 사용되는 초경량비행장치

현재 항공안전법에서는 드론 중에서 12kg을 초과하는 기체를 보유하거나 사용하는 경우에 별도의 등록신고를 필요로 하고 있다. 12kg을 초과하는 기체를 보유하거나 사용하고자 하는 경우 비행장치의 종류, 용도, 소유자의 성명, 제작

자, 소유자 및 보관처, 사진 등을 첨부하여 신고하도록 하고 있다. 드론 등록 및 식별제도는 드론 범죄 및 위협 대비와 관련하여 가장 핵심적인 제도중 하나로 이에 대해서는 이후에 조금 더 자세히 기술하고자 한다.

□ **초경량비행장치관련 안전성인증 규정**

제124조(초경량비행장치 안전성인증) 시험비행 등 국토교통부령으로 정하는 경우로서 국토교통부장관의 허가를 받은 경우를 제외하고는 동력비행장치 등 국토교통부령으로 정하는 초경량비행장치를 사용하여 비행하려는 사람은 국토교통부령으로 정하는 기관 또는 단체의 장으로부터 그가 정한 안정성인증의 유효기간 및 절차·방법 등에 따라 그 초경량비행장치가 국토교통부장관이 정하여 고시하는 비행안전을 위한 기술상의 기준에 적합하다는 안전성인증을 받지 아니하고 비행하여서는 아니 된다. 이 경우 안전성인증의 유효기간 및 절차·방법 등에 대해서는 국토교통부장관의 승인을 받아야 하며, 변경할 때에도 또한 같다.

□ **항공안전법시행규칙**

제305조(초경량비행장치 안전성인증 대상 등) ① 법 제124조 전단에서 "동력비행장치 등 국토교통부령으로 정하는 초경량비행장치"란 다음 각 호의 어느 하나에 해당하는 초경량비행장치를 말한다.

1. 동력비행장치
2. 행글라이더, 패러글라이더 및 낙하산류(항공레저스포츠사업에 사용되는 것만 해당한다)
3. 기구류(사람이 탑승하는 것만 해당한다)
4. 다음 각 목의 어느 하나에 해당하는 무인비행장치
   가. 제5조제5호가목에 따른 무인비행기, 무인헬리콥터 또는 무인멀티콥터 중에서 최대이륙중량이 25킬로그램을 초과하는 것
   나. 제5조제5호나목에 따른 무인비행선 중에서 연료의 중량을 제외한 자체중량이 12킬로그램을 초과하거나 길이가 7미터를 초과하는 것
5. 회전익비행장치
6. 동력패러글라이더

안전성인증은 드론 등의 초경량비행장치 및 무인 비행장치가 안전하게 비행할 수 있는가 여부에 대하여 인증을 받아야 하는 제도를 의미한다. 그러나 항공안전법상의 안전성 인증은 최대이륙중량이 25kg 이상의 기체에 대하여 인증을 받도록 규정하고 있기 때문에 대부분의 취미용 기체는 해당되지 않는다.

2) 드론자격증(초경량비행장치 조종자 증명)

드론을 조종할 수 있는 자격에 대한 내용으로 일반 사람들이 가장 궁금해 하는 부분 중 하나이다. 즉 '드론을 조종하기 위해서는 자격이 있어야 하는가?'에 대한 문제이다.

제125조(초경량비행장치 조종자 증명 등)
① 동력비행장치 등 국토교통부령으로 정하는 초경량비행장치를 사용하여 비행하려는 사람은 국토교통부령으로 정하는 기관 또는 단체의 장으로부터 그가 정한 해당 초경량비행장치별 자격기준 및 시험의 절차·방법에 따라 해당 초경량비행장치의 조종을 위하여 발급하는 증명(이하 "초경량비행장치 조종자 증명"이라 한다)을 받아야 한다. 이 경우 해당 초경량비행장치별 자격기준 및 시험의 절차·방법 등에 관하여는 국토교통부령으로 정하는 바에 따라 국토교통부장관의 승인을 받아야 하며, 변경할 때에도 또한 같다.

❑ 항공안전법시행규칙

제306조(초경량비행장치의 조종자 증명 등) ① 법 제125조제1항 전단에서 "동력비행장치 등 국토교통부령으로 정하는 초경량비행장치"란 다음 각 호의 어느 하나에 해당하는 초경량비행장치를 말한다.
1. 동력비행장치
2. 행글라이더, 패러글라이더 및 낙하산류(항공레저스포츠사업에 사용되는 것만 해당한다)
3. 유인자유기구
4. 초경량비행장치 사용사업에 사용되는 무인비행장치. 다만 다음 각 목의 어느 하나에 해당하는 것은 제외한다.
   가. 제5조제5호가목에 따른 무인비행기, 무인헬리콥터 또는 무인멀티콥터 중에서 연료의 중량을 제외한 자체중량이 12킬로그램 이하인 것
   나. 제5조제5호나목에 따른 무인비행선 중에서 연료의 중량을 제외한 자체중량이 12킬로그램 이하이고, 길이가 7미터 이하인 것
5. 회전익비행장치
6. 동력패러글라이더

기본적으로 드론을 비롯한 초경량비행장치를 조종하기 위해서는 조종자격증명을 받아야 하는 것이 원칙이다. 그러나 우리나라의 항공안전법에서는 12kg 미만의 드론에 대해서는 별도의 조종자격을 요구하고 있지 않다. 일반적인 드론의 무게를 감안할 경우 대부분의 일반 드론의 경우 별도의 조종자격 없이도 드론을 조종할 수 있다고 할 수 있다. 즉 법률에서는 원칙적으로 자격으로 요구하지만

현실에서는 일반적으로 조종자격 없이도 드론을 조종할 수 있으며 12kg 이상의 특별한 대형기체들의 경우에만 조종자격을 요구한다고 할 수 있다.

쉬어가는 코너 　드론 자격증 열풍

최근 드론 자격취득 열풍이 불고 있다.

2014년 최초 신설된 드론 자격증은 2017년 이후로 급격한 증가추세를 보이고 있으며, 2018년에만 11, 291건의 자격 취득이 있었고 이러한 증가추세는 당분간 계속될 것으로 보인다. 드론 자격증 취득 열풍은 드론 산업 발전에 이바지한다는 긍정적인 평가가 있는 반면 12kg 이상의 드론을 조종할 필요나 이유가 없는 사람들도 분위기에 휩쓸려 무작정 취득한다는 지적이 있다. 국토부 등에서는 현쟁 자격증 필요 드론들의 무게를 세분화하여 250g 미만의 드론들은 조종자격 없이도, 250g~7kg 이하 드론은 온라인 교육으로 드론 조종자격을 인정하려는 움직임도 있다. 앞으로의 드론 교육은 무게 기준을 떠나 드론의 사용목적(재난현장 확인, 실종자 수색, 촬영 등)에 따라 보다 전문적인 임무중심 교육으로 변화하는 것이 필요할 것이다.

초경량비행장치 조종자 증명 취득현황

(단위: 명)

기간	동력비행장치	회전익비행장치	유인자유기구	동력패러글라이더	무인비행기	무인멀티콥터	무인비행선	인력활공기(패러글라이더)	인력활공기(행글라이더)	낙하산류	무인헬리콥터	계
2004	366	4	–	–	–	–	–	–	–	–	–	370
2005	243	6	–	–	–	–	–	–	–	–	–	249
2006	126	4	–	–	–	–	–	–	–	–	–	130
2007	184	–	–	–	–	–	–	–	–	–	–	184
2008	249	1	–	–	–	–	–	–	–	–	–	250
2009	185	–	48	147	–	–	–	–	–	–	–	380
2010	46	–	3	73	–	–	–	–	–	–	–	122
2011	27	–	2	9	–	–	–	–	–	–	–	38
2012	8	–	16	15	–	–	–	–	–	–	–	39
2013	3	–	1	22	52	–	12	–	–	–	–	90
2014	2	–	2	7	9	606	9	–	–	–	606	1,241
2015	1	–	10	17	–	205	4	493	1	–	205	936

2016	1	–	4	23	–	454	–	48	2	13	454	999
2017	–	–	7	12	–	2,872	–	13	–	2	461	3,367
2018	2	–	4	11	6	11,291	7	18	–	6	95	11,440
2019.01	–	–	2	2	1	1,250	8	–	–	–	–	1,263
2019.02	–	–	–	1	2	1,080	9	–	–	–	7	1,099
2019.03	–	–	–	–	2	1,552	7	1	–	1	17	1,580
2019.04	–	–	–	–	2	1,408	4	1	–	–	19	1,434
2019.05	–	–	–	1	1	1,229	–	1	–	–	9	1,241
2019.06	–	–	–	–	–	1,112	–	1	–	–	11	1,124
합계	1,443	15	99	340	75	23,059	60	576	3	22	1,884	27,576

출처: 교통공단

쉬어가는 코너 최신 드론의 무게 비교

이름	제조사	크기	무게
팬텀4	DJI	350mm(대각선)	1380g(배터리 및 프로펠러 포함)
매빅2프로	DJI	354mm(대각선)	907g(줌 모델은 905g)
매빅 미니	DJI	213mm(대각선)	249g
인스파이어2	DJI	605mm	3440g
MG-1p(농업용드론)	DJI	1500mm	9700g(최대이륙무게 24.8kg)
아나피	패럿	29.7mm	320g

생수1리터 약 1kg
노트북 무게 1~2kg
쌀 한 포대 20kg
컴퓨터모니터 4kg

3) 조종자 준수사항 관련

드론 조종과 관련하여 가장 직접적인 내용을 규정하는 것이 항공안전법의 초경량비행장치 조종자 등의 준수사항이다. 조종자 준수사항은 초경량비행장치(드론)의 조종과 관련하여 가장 기본적인 사항이 된다.

제166조(과태료)
① 다음 각 호의 어느 하나에 해당하는 자에게는 500만원 이하의 과태료를 부과한다.
　　8. 제129조제1항을 위반하여 국토교통부령으로 정하는 준수사항을 따르지 아니하고 초경량비행장치를 이용하여 비행한 사람

제129조(초경량비행장치 조종자 등의 준수사항)
① 초경량비행장치의 조종자는 초경량비행장치로 인하여 인명이나 재산에 피해가 발생하지 아니하도록 국토교통부령으로 정하는 준수사항을 지켜야 한다.
② 초경량비행장치 조종자는 무인자유기구를 비행시켜서는 아니 된다. 다만, 국토교통부령으로 정하는 바에 따라 국토교통부장관의 허가를 받은 경우에는 그러하지 아니하다.
③ 초경량비행장치 조종자는 초경량비행장치사고가 발생하였을 때에는 국토교통부령으로 정하는 바에 따라 지체 없이 국토교통부장관에게 그 사실을 보고하여야 한다. 다만, 초경량비행장치 조종자가 보고할 수 없을 때에는 그 초경량비행장치소유자등이 초경량비행장치사고를 보고하여야 한다.
④ 무인비행장치 조종자는 무인비행장치를 사용하여 「개인정보 보호법」 제2조제1호에 따른 개인정보(이하 "개인정보"라 한다) 또는 「위치정보의 보호 및 이용 등에 관한 법률」 제2조제2호에 따른 개인위치정보(이하 "개인위치정보"라 한다) 등 개인의 공적·사적 생활과 관련된 정보를 수집하거나 이를 전송하는 경우 타인의 자유와 권리를 침해하지 아니하도록 하여야 하며 형식, 절차 등 세부적인 사항에 관하여는 각각 해당 법률에서 정하는 바에 따른다. 〈개정 2017. 8. 9.〉
⑤ 제1항에도 불구하고 초경량비행장치 중 무인비행장치 조종자로서 야간에 비행 등을 위하여 국토교통부령으로 정하는 바에 따라 국토교통부장관의 승인을 받은 자는 그 승인 범위 내에서 비행할 수 있다. 이 경우 국토교통부장관은 국토교통부장관이 고시하는 무인비행장치 특별비행을 위한 안전기준에 적합한지 여부를 검사하여야 한다. 〈신설 2017. 8. 9.〉

❑ 항공안전법 시행규칙

[시행 2019. 9. 23.] [국토교통부령 제651호, 2019. 9. 23., 일부개정]

제310조(초경량비행장치 조종자의 준수사항)
① 초경량비행장치 조종자는 법 제129조제1항에 따라 다음 각 호의 어느 하나에 해당하는

행위를 하여서는 아니 된다. 다만, 무인비행장치의 조종자에 대해서는 제4호 및 제5호를 적용하지 아니한다. 〈개정 2017. 11. 10., 2018. 11. 22., 2019. 9. 23.〉

1. 인명이나 재산에 위험을 초래할 우려가 있는 낙하물을 투하(投下)하는 행위
2. 주거지역, 상업지역 등 인구가 밀집된 지역이나 그 밖에 사람이 많이 모인 장소의 상공에서 인명 또는 재산에 위험을 초래할 우려가 있는 방법으로 비행하는 행위
2의2. 사람 또는 건축물이 밀집된 지역의 상공에서 건축물과 충돌할 우려가 있는 방법으로 근접하여 비행하는 행위
3. 법 제78조제1항에 따른 관제공역·통제공역·주의공역에서 비행하는 행위. 다만, 법 제127조에 따라 비행승인을 받은 경우와 다음 각 목의 행위는 제외한다.
    가. 군사목적으로 사용되는 초경량비행장치를 비행하는 행위
    나. 다음의 어느 하나에 해당하는 비행장치를 별표 23 제2호에 따른 관제권 또는 비행금지구역이 아닌 곳에서 제199조제1호나목에 따른 최저비행고도(150미터) 미만의 고도에서 비행하는 행위
        1) 무인비행기, 무인헬리콥터 또는 무인멀티콥터 중 최대이륙중량이 25킬로그램 이하인 것
        2) 무인비행선 중 연료의 무게를 제외한 자체 무게가 12킬로그램 이하이고, 길이가 7미터 이하인 것
4. 안개 등으로 인하여 지상목표물을 육안으로 식별할 수 없는 상태에서 비행하는 행위
5. 별표 24에 따른 비행시정 및 구름으로부터의 거리기준을 위반하여 비행하는 행위
6. 일몰 후부터 일출 전까지의 야간에 비행하는 행위. 다만, 제199조제1호나목에 따른 최저비행고도(150미터) 미만의 고도에서 운영하는 계류식 기구 또는 법 제124조 전단에 따른 허가를 받아 비행하는 초경량비행장치는 제외한다.
7. 「주세법」 제3조제1호에 따른 주류, 「마약류 관리에 관한 법률」 제2조제1호에 따른 마약류 또는 「화학물질관리법」 제22조제1항에 따른 환각물질 등(이하 "주류등"이라 한다)의 영향으로 조종업무를 정상적으로 수행할 수 없는 상태에서 조종하는 행위 또는 비행 중 주류등을 섭취하거나 사용하는 행위
8. 제308조제4항에 따른 조건을 위반하여 비행하는 행위
9. 그 밖에 비정상적인 방법으로 비행하는 행위
② 초경량비행장치 조종자는 항공기 또는 경량항공기를 육안으로 식별하여 미리 피할 수 있도록 주의하여 비행하여야 한다.
③ 동력을 이용하는 초경량비행장치 조종자는 모든 항공기, 경량항공기 및 동력을 이용하지 아니하는 초경량비행장치에 대하여 진로를 양보하여야 한다.
④ 무인비행장치 조종자는 해당 무인비행장치를 육안으로 확인할 수 있는 범위에서 조종하여야 한다. 다만, 법 제124조 전단에 따른 허가를 받아 비행하는 경우는 제외한다.

일반적인 조종자의 준수사항을 규정한 것으로 개별 규정에서 주의할 점은 다음과 같다.

- 낙하물 투하행위: 인명이나 재산에 위험을 초래할 우려가 있는 낙하물을 투하하는 행위를 처벌한다. 따라서 위험우려가 없는 낙하물 투하는 가능하다고 볼 수 있으며 이는 낙하물의 종류와 현장 상황 등에 따라 판단하여야 한다.

- 다중운집지역 비행: 인구밀집지역이나 대중이 모인 곳의 상공에서 인명 또는 재산에 피해를 입힐 수 있는 방법으로 비행하는 것을 금지하고 있다. 그러나 비행방법에 대한 예시나 자세한 규정이 없기 때문에 결국 결과에 의해 (인명이나 재산에 피해를 입혔는가) 판단해야 하는 문제가 있다. 또한 다중밀집지역이 아닌 곳에서 인명이나 재산상 피해를 입힐 경우에는 적용이 어렵다는 문제가 있다.

- 비행금지구역 비행: 별도의 비행승인을 받지 않고 관제, 통제, 주의 공역에서 비행하는 경우를 의미한다. 비행금지구역이 아닌 경우 드론의 경우 25kg 이하의 기체가 150m 이하의 고도에서 비행하는 경우에는 위 적용대상에서 제외된다. 따라서 별도의 허가 없이 드론을 비행할 수 있는 경우는 25kg 이하의 최대이륙중량, 고도 150m 이하, 비행금지구역이 아닌 경우 가능하다.

- 4호 및 5호: 드론의 경우 제외된다.

- 야간비행: 드론의 야간비행은 원칙적으로 금지된다. 즉 일몰부터 일출 시까지는 드론비행이 금지되는 것이 원칙이다. 단, 시험비행 등 국토교통부에 사건허가를 받은 경우에는 가능할 수도 있다.

제304조(초경량비행장치의 시험비행허가)
① 법 제124조 전단에서 "시험비행 등 국토교통부령으로 정하는 경우"란 다음 각 호의 어느 하나에 해당하는 경우를 말한다.
1. 연구·개발 중에 있는 초경량비행장치의 안전성 여부를 평가하기 위하여 시험비행을 하는 경우
2. 안전성인증을 받은 초경량비행장치의 성능개량을 수행하고 안전성 여부를 평가하기 위하여 시험비행을 하는 경우
3. 그 밖에 국토교통부장관이 필요하다고 인정하는 경우

- 음주비행: 마약 및 주류등을 섭취하고 비행하는 것은 금지된다. 이 경우 현재 측정 및 단속의 주체가 누가 되어야 하는 것인가에 대한 문제가 있다. 경찰이 직접적으로 과태료 사항에 대해서 음주 여부를 측정하고 단속하는 것이 쉽지 않기 때문이다.

- 사전허가사항 위반: 초경량비행장치를 이용하여 비행제한공역을 비행하려는 허가를 받고서 이후 허가사항(조건)을 위반한 경우

그 밖에 비정상적인 방법으로 비행하는 경우: 이 항목에 대해서는 구체적인 사례가 정의되지는 않았다. 다만 전체적인 내용을 보았을 때 인명이나 재산상 피해를 입히는 결과를 가져왔을 경우에 적용할 가능성이 높다. 결과를 가지고 "그 밖의 비정상적인 방법"에 의한 비행을 처벌하게 되는 경우 법률의 명확성의 원칙에 위배된다는 비판도 제기될 수 있다.

나. 형법

최근 드론에 의한 사생활 침해나 드론의 침입 등이 많아지면서 드론에 대한 일반형법의 적용 가능성이 문제가 되고 있다. 특히 드론에 의한 주거침입 등의 경우 형법의 적용 가능성에 대한 논란이 있다.

1) 주거침입죄

□ 형법

제319조(주거침입, 퇴거불응)
① 사람의 주거, 관리하는 건조물, 선박이나 항공기 또는 점유하는 방실에 침입한 자는 3년 이하의 징역 또는 500만원 이하의 벌금에 처한다. 〈개정 1995. 12. 29.〉
② 전항의 장소에서 퇴거요구를 받고 응하지 아니한 자도 전항의 형과 같다.

형법 제319조에 의거할 경우 사람이 주거하는 건조물 등에 침입한 경우 형법에 의하여 처벌이 가능하다. 주거침입죄는 사생활의 평온을 보호법익으로 하고 있는데[1] 드론이 주거나 사유지에 침입한 경우 당연히 주거자는 사실상의 평온에 심각한 훼손을 입게 된다. 그러나 현행 형법은 대부분 사람을 주체로 하고

있기 때문에 사람의 신체의 일부라도 타인의 주거권 범위(주거 또는 건조물, 토지 등 위요지)에 들어가는 경우에는 주거침입죄의 적용이 가능하지만 드론의 경우 사람이 직접 침입한 것이 아니기 때문에 현행 주거침입죄의 직접적인 적용이 쉽지 않다고 볼 수 있다. 그러나 주거침입죄의 보호법익이 사실상의 평온임을 감안할 때 사람이 아닌 드론, 로봇, 카메라 기타 기기의 침입도 주거침입 여부를 심각하게 고민해 보아야 한다. 이는 현재 기술발전에 의한 법률적 공백의 하나로 볼 수 있으며 이에 대해서는 보다 깊은 법률적 논의가 필요하다.

2) 주거수색죄

❑ 형법

제321조(주거·신체 수색) 사람의 신체, 주거, 관리하는 건조물, 자동차, 선박이나 항공기 또는 점유하는 방실을 수색한 자는 3년 이하의 징역에 처한다.

주거수색죄의 경우 주거침입죄와 유사하지만 실제 사람의 신체적 침입을 요하지는 않는다는 점 등의 이유로 드론에 대한 주거수색죄를 인정해야 한다는 견해도 있다.[2] 그러나 주거침입 없는 수색을 처벌하게 되는 경우 망원카메라 등을 이용한 원거리 확인 등의 경우에도 처벌해야 하며 물리적 침입이 없는 기타의 광학적, 전기통신적 방법으로 수색하는 경우에도 처벌해야 하는 문제가 생긴다. 따라서 주거수색죄의 경우에도 주거침입죄와 함께 현재로서는 적용하기 어려우며 입법적 문제를 통해 해결해야 할 것으로 보인다.

3) 과실치사상죄, 업무상과실치사상죄

제266조(과실치상)
① 과실로 인하여 사람의 신체를 상해에 이르게 한 자는 500만원 이하의 벌금, 구류 또는 과료에 처한다. 〈개정 1995. 12. 29.〉
② 제1항의 죄는 피해자의 명시한 의사에 반하여 공소를 제기할 수 없다. 〈개정 1995. 12. 29.〉

---

1) 대법원 2010.4.29. 선고 2009도14643 판결 등
2) 권성현, "드론에 관한 형사법적 쟁점 연구", 2018년, 서울대학교 학위논문

제267조(과실치사) 과실로 인하여 사람을 사망에 이르게 한 자는 2년 이하의 금고 또는 700만원 이하의 벌금에 처한다. 〈개정 1995. 12. 29.〉

제268조(업무상과실·중과실 치사상) 업무상과실 또는 중대한 과실로 인하여 사람을 사상에 이르게 한 자는 5년 이하의 금고 또는 2천만원 이하의 벌금에 처한다. 〈개정 1995. 12. 29.〉

드론으로 사람을 다치게 하거나 사망에 이르게 한 경우 과실치사상죄 또는 업무상과실치사상죄가 적용될 수 있다. 드론의 과실치사상의 방법 또는 수단이 되는 것으로 기타 법리는 일반적인 과실치사상죄를 따를 것으로 보인다. 드론 사용이 늘면서 드론에 의한 상해나 사망사건이 발생하거나 발생할 가능성이 높아지고 있는데 과실치사상죄의 적용사례가 발생할 가능성이 높다. 과실치사상죄의 성립은 예견 가능성을 근거로 판단하게 되면 업무상과실치사상죄의 적용 여부도 판례에 따라 적용이 가능하다

4) 재물손괴죄

제366조(재물손괴등) 타인의 재물, 문서 또는 전자기록등 특수매체기록을 손괴 또는 은닉 기타 방법으로 기 효용을 해한 자는 3년 이하의 징역 또는 700만원 이하의 벌금에 처한다.

드론 조종으로 타인의 재물을 손괴한 경우에 적용할 수 있다. 실제 사례에서는 드론이 타인의 거실 유리창을 깨고 추락한 경우가 있었다. 그러나 재물손괴죄는 고의로 인한 경우에만 처벌할 수 있기 때문에 과실치사상죄와 달리 과실로 인한 경우에는 형사처벌이 불가능하며 드론의 경우 드론을 통해 고의적으로 재물을 손괴한 경우만 처벌된다. 위 사례의 경우에도 과실로 인한 재물손괴로 형사규정은 적용되지 않았다.

다. 기타특별법

1) 개인정보보호법

제71조(벌칙) 다음 각 호의 어느 하나에 해당하는 자는 5년 이하의 징역 또는 5천만원 이하의 벌금에 처한다. 〈개정 2016. 3. 29.〉

1. 제17조제1항제2호에 해당하지 아니함에도 같은 항 제1호를 위반하여 정보주체의 동의를 받지 아니하고 개인정보를 제3자에게 제공한 자 및 그 사정을 알고 개인정보를 제공받은 자

제17조(개인정보의 제공) ① 개인정보처리자는 다음 각 호의 어느 하나에 해당되는 경우에는 정보주체의 개인정보를 제3자에게 제공(공유를 포함한다. 이하 같다)할 수 있다.

1. 정보주체의 동의를 받은 경우
2. 제15조제1항제2호·제3호 및 제5호에 따라 개인정보를 수집한 목적 범위에서 개인정보를 제공하는 경우

드론의 사생활 침해와 관련된 중요한 문제 중의 하나로 드론을 이용하여 개인의 영상들을 촬영한 경우에 대한 문제이다. 기본적으로 식별 가능한 개인의 사진이나 영상은 개인정보에 해당할 수 있다. 그러나 단순한 촬영을 넘어 처벌되기 위해서는 개인정보보호법상 개인정보처리자의 지위를 가져야 한다 따라서 개인정보처리자가 아닌 개인의 경우에는 위 법의 적용이 어렵다.

2) 위치정보보호법

드론을 이용하여 타인을 미행한 경우 처벌이 가능한가의 문제이다. 현재 우리나라의 위치정보보호법은 전기통신설비 및 전기통신회선설비를 이용한 경우만 처벌하고 있다. 따라서 사람의 미행 등에 대해서는 별도의 형사처벌 규정은 존재하지 않고 있으며 드론의 경우에도 위치정보보호법에서 규정하고 있는 전기통신기기에는 해당하지 않기 때문에 위치정보보호법은 적용하기 힘들다.경범죄처벌법에 스토킹등을 처벌하기 위해 규정된 내용이 있으나 드론의 경우 이를 직접적으로 적용하기는 힘들다.

❏ 위치정보의 보호 및 이용 등에 관한 법률(약칭: 위치정보법)

[시행 2019. 6. 25.] [법률 제16087호, 2018. 12. 24., 일부개정]

제39조(벌칙) 다음 각 호의 어느 하나에 해당하는 자는 5년 이하의 징역 또는 5천만원 이하의 벌금에 처한다. 〈개정 2012. 5. 14., 2015. 2. 3., 2018. 4. 17.〉
1. 제5조제1항의 규정을 위반하여 허가를 받지 아니하고 위치정보사업을 하는 자 또는 거짓이나 그 밖의 부정한 방법으로 허가를 받은 자
2. 제17조의 규정을 위반하여 개인위치정보를 누설·변조·훼손 또는 공개한 자
3. 제18조제1항·제2항 또는 제19조제1항·제2항·제5항을 위반하여 개인위치정보주체의 동의를 얻지 아니하거나 동의의 범위를 넘어 개인위치정보를 수집·이용 또는 제공한 자 및 그 점을 알고 영리 또는 부정한 목적으로 개인위치정보를 제공받은 자
4. 제21조의 규정을 위반하여 이용약관에 명시하거나 고지한 범위를 넘어 개인위치정보를 이용하거나 제3자에게 제공한 자
5. 제29조제8항을 위반하여 개인위치정보를 긴급구조 외의 목적에 사용한 자
6. 제29조제11항을 위반하여 개인위치정보주체의 동의를 받지 아니하거나 긴급구조 외의 목적으로 개인위치정보를 제공하거나 제공받은 자

❏ 전기통신사업법

제2조(정의) 이 법에서 사용하는 용어의 정의는 다음과 같다. 〈개정 2010. 3. 22., 2015. 2. 3.〉
1. "위치정보"라 함은 이동성이 있는 물건 또는 개인이 특정한 시간에 존재하거나 존재하였던 장소에 관한 정보로서 「전기통신사업법」 제2조제2호 및 제3호에 따른 전기통신설비 및 전기통신회선설비를 이용하여 수집된 것을 말한다.
2. "전기통신설비"란 전기통신을 하기 위한 기계·기구·선로 또는 그 밖에 전기통신에 필요한 설비를 말한다.
3. "전기통신회선설비"란 전기통신설비 중 전기통신을 행하기 위한 송신·수신 장소 간의 통신로 구성설비로서 전송설비·선로설비 및 이것과 일체로 설치되는 교환설비와 이들의 부속설비를 말한다.

❏ 경범죄처벌법(3조)

제1항
13.(의식방해) 공공기관이나 그 밖의 단체 또는 개인이 하는 행사나 의식을 못된 장난 등으로 방해하거나 행사나 의식을 하는 자 또는 그 밖에 관계 있는 사람이 말려도 듣지 아니하고 행사나 의식을 방해할 우려가 뚜렷한 물건을 가지고 행사장 등에 들어간 사람
19.(불안감조성) 정당한 이유 없이 길을 막거나 시비를 걸거나 주위에 모여들거나 뒤따르거나 몹시 거칠게 겁을 주는 말이나 행동으로 다른 사람을 불안하게 하거나 귀찮고 불쾌하게 한 사람 또는 여러 사람이 이용하거나 다니는 도로·공원 등 공공장소에서 고

의로 험악한 문신(文身)을 드러내어 다른 사람에게 혐오감을 준 사람

23.(물건 던지기 등 위험행위) 다른 사람의 신체나 다른 사람 또는 단체의 물건에 해를 끼칠 우려가 있는 곳에 충분한 주의를 하지 아니하고 물건을 던지거나 붓거나 또는 쏜 사람

38.(총포 등 조작장난) 여러 사람이 모이거나 다니는 곳에서 충분한 주의를 하지 아니하고 총포, 화약류, 그 밖에 폭발의 우려가 있는 물건을 다루거나 이를 가지고 장난한 사람

41.(지속적 괴롭힘) 상대방의 명시적 의사에 반하여 지속적으로 접근을 시도하여 면회 또는 교제를 요구하거나 지켜보기, 따라다니기, 잠복하여 기다리기 등의 행위를 반복하여 하는 사람

제2항

3.(업무방해) 못된 장난 등으로 다른 사람, 단체 또는 공무수행 중인 자의 업무를 방해한 사람

3) 군사시설보호법

☐ 군사기지 및 군사시설 보호법(약칭: 군사기지법)

[시행 2019. 10. 24.] [법률 제16352호, 2019. 4. 23., 일부개정]

제24조(벌칙) ① 제9조제1항제9호를 위반하여 군사시설 또는 군용 항공기를 손괴하거나 그 기능을 손상시킨 자는 3년 이상의 유기징역에 처한다.

② 다음 각 호의 어느 하나에 해당하는 자는 5년 이하의 징역 또는 5천만원 이하의 벌금에 처한다. 〈개정 2014. 5. 9.〉

1. 제9조제1항 단서에 따른 허가를 받지 아니하고 같은 항 제11호에 해당하는 행위를 한 자

2. 제9조제1항제6호, 제10호 또는 제10조제1항제5호를 위반한 자

③ 제9조제1항 단서에 따른 허가를 받지 아니하고 같은 항 제3호에 해당하는 행위를 한 자는 3년 이하의 징역 또는 200만원 이상 3천만원 이하의 벌금에 처한다. 〈개정 2014. 5. 9.〉

④ 제9조제1항제4호 또는 제5호를 위반한 자는 3년 이하의 징역 또는 3천만원 이하의 벌금에 처한다. 〈개정 2014. 5. 9.〉

⑥ 다음 각 호의 어느 하나에 해당하는 자는 1년 이하의 징역 또는 1천만원 이하의 벌금에 처한다. 〈개정 2014. 5. 9.〉

3. 제10조제1항 단서에 따른 허가를 받지 아니하고 같은 항 제3호에 해당하는 행위를 한 자

제9조(보호구역에서의 금지 또는 제한) ① 누구든지 보호구역 안에서 다음 각 호의 어느 하나에 해당하는 행위를 하여서는 아니 된다. 다만, 제1호, 제3호, 제7호, 제8호, 제11호 또는 제12호의 경우 미리 관할부대장등(제1호의 경우에는 주둔지부대장을 포함한다)의 허

군사시설 보호구역 내의 경우 특별법이 적용되며 군사시설 보호구역 내에서 드
론을 비행하거나, 드론 등으로 군사시설을 촬영한 경우에는 관련법에 의하여 형사
처벌될 수 있다.

4) 교통사고처리특례법

일반적인 드론의 재물손괴는 고의성의 없는 경우에는 처벌되지 않는다. 그러
나 최근 드론으로 인한 교통사고가 발생하는 사례들이 발생하고 있고 드론의 활
용이 늘어나면서 차량과의 사고 가능성도 함께 높아지고 있다. 이른바 드론 뺑
소니의 경우 교통사고처리특례법이 적용될 수 있는가에 대한 문제이다. 교통사
고처리특례법의 경우 "차"의 "교통"으로 인한 사고를 대상으로하는 법률로 직접
적인 적용이 어렵다고 볼 수 있다.

5) 성폭력방지 등에 관한 특별법

일반적인 영상촬영은 형사처벌이 힘들지만 드론을 이용하여 성적 목적 촬영을 한 경우에는 카메라등이용촬영죄의 적용이 가능하다. 실제 최근 전국의 주요 도시 등에서 드론을 이용한 불법촬영 사건들이 지속적으로 발생하고 있고, 2018년에는 드론과 관련된 최초의 판례가 발생하였는데 이 사건도 드론을 이용하여 노천탕을 촬영한 것이었다. 따라서 드론을 이용한 불법촬영은 드론의 가장 중요한 범죄 중 하나로 지목되고 있다. 다만 드론을 이용하여 촬영을 한 것이 아니라, 단순히 지켜보기만 한 경우에는 법률 적용이 곤란하다는 문제가 있다. 이와 관련된 대법원 판례 중 유의할 것은 일단 촬영이 개시되었다면 보조기억장치에 저장하지 않았다 하더라도 촬영죄의 기수에 해당한다는 점이다.[3]

□ **성폭력범죄의 처벌 등에 관한 특례법(약칭: 성폭력처벌법)**

[시행 2019. 8. 20.] [법률 제16445호, 2019. 8. 20., 일부개정]

제14조(카메라 등을 이용한 촬영) ① 카메라나 그 밖에 이와 유사한 기능을 갖춘 기계장치를 이용하여 성적 욕망 또는 수치심을 유발할 수 있는 사람의 신체를 촬영대상자의 의사에 반하여 촬영한 자는 5년 이하의 징역 또는 3천만원 이하의 벌금에 처한다. 〈개정 2018. 12. 18.〉

② 제1항에 따른 촬영물 또는 복제물(복제물의 복제물을 포함한다. 이하 이 항에서 같다)을 반포·판매·임대·제공 또는 공공연하게 전시·상영(이하 "반포등"이라 한다)한 자 또는 제1항의 촬영이 촬영 당시에는 촬영대상자의 의사에 반하지 아니한 경우에도 사후에 그

---

3) 성폭력범죄의 처벌 및 피해자보호 등에 관한 법률위반(카메라등이용촬영)

[대법원 2011. 6. 9., 선고, 2010도10677, 판결]

이러한 저장방식을 취하고 있는 카메라 등 기계장치를 이용하여 동영상 촬영이 이루어졌다면 범행은 촬영 후 일정한 시간이 경과하여 영상정보가 기계장치 내 주기억장치 등에 입력됨으로써 기수에 이르는 것이고, 촬영된 영상정보가 전자파일 등의 형태로 영구저장되지 않은 채 사용자에 의해 강제종료되었다고 하여 미수에 그쳤다고 볼 수는 없다. 피고인이 지하철 환승 에스컬레이터 내에서 짧은 치마를 입고 있는 피해자의 뒤에 서서 카메라폰으로 성적 수치심을 느낄 수 있는 치마 속 신체 부위를 피해자 의사에 반하여 동영상 촬영하였다고 하여 구 성폭력범죄의 처벌 및 피해자보호 등에 관한 법률(2010. 4. 15. 법률 제10258호 성폭력범죄의 피해자보호 등에 관한 법률로 개정되기 전의 것) 위반으로 기소된 사안에서, 피고인이 휴대폰을 이용하여 동영상 촬영을 시작하여 일정한 시간이 경과하였다면 설령 촬영 중 경찰관에게 발각되어 저장버튼을 누르지 않고 촬영을 종료하였더라도 카메라 등 이용 촬영 범행은 이미 '기수'로 인정된다.

촬영물 또는 복제물을 촬영대상자의 의사에 반하여 반포등을 한 자는 5년 이하의 징역 또는 3천만원 이하의 벌금에 처한다. 〈개정 2018. 12. 18.〉

③ 영리를 목적으로 촬영대상자의 의사에 반하여 「정보통신망 이용촉진 및 정보보호 등에 관한 법률」 제2조제1항제1호의 정보통신망(이하 "정보통신망"이라 한다)을 이용하여 제2항의 죄를 범한 자는 7년 이하의 징역에 처한다. 〈개정 2018. 12. 18.〉

라. 드론 대응 관련 법률

1) 경찰관직무집행법

제5조(위험 발생의 방지 등) ① 경찰관은 사람의 생명 또는 신체에 위해를 끼치거나 재산에 중대한 손해를 끼칠 우려가 있는 천재(天災), 사변(事變), 인공구조물의 파손이나 붕괴, 교통사고, 위험물의 폭발, 위험한 동물 등의 출현, 극도의 혼잡, 그 밖의 위험한 사태가 있을 때에는 다음 각 호의 조치를 할 수 있다.
1. 그 장소에 모인 사람, 사물(事物)의 관리자, 그 밖의 관계인에게 필요한 경고를 하는 것
2. 매우 긴급한 경우에는 위해를 입을 우려가 있는 사람을 필요한 한도에서 억류하거나 피난시키는 것
3. 그 장소에 있는 사람, 사물의 관리자, 그 밖의 관계인에게 위해를 방지하기 위하여 필요하다고 인정되는 조치를 하게 하거나 직접 그 조치를 하는 것
② 경찰관서의 장은 대간첩 작전의 수행이나 소요(騷擾) 사태의 진압을 위하여 필요하다고 인정되는 상당한 이유가 있을 때에는 대간첩 작전지역이나 경찰관서·무기고 등 국가중요 시설에 대한 접근 또는 통행을 제한하거나 금지할 수 있다.
③ 경찰관은 제1항의 조치를 하였을 때에는 지체 없이 그 사실을 소속 경찰관서의 장에게 보고하여야 한다.
④ 제2항의 조치를 하거나 제3항의 보고를 받은 경찰관서의 장은 관계 기관의 협조를 구하는 등 적절한 조치를 하여야 한다.
[전문개정 2014. 5. 20.]

드론 관련 범죄나 사고, 테러 등의 문제가 늘어나면서 드론 관련 신고도 늘어나고 있다. 즉 불법촬영이나 주거침입, 드론에 의한 교통사고 발생이나 기타 위험이 발생한 경우 현재 경찰관직무집행법에 의거하여 적절할 조치를 취할 수 있다.

경찰관직무집행법에 의거하면 기본적으로 사람의 생명 또는 신체에 위해를 끼치거나 재산에 중대한 손해를 끼칠 우려가 있는 천재(天災), 사변(事變), 인공구조물의 파손이나 붕괴, 교통사고, 위험물의 폭발, 위험한 동물 등의 출현, 극

도의 혼잡, 그 밖의 위험한 사태가 있을 때 경고, 억류, 피난 및 기타 필요한 조치를 할 수 있으며 드론과 관련한 위험이 발생한 경우에도 적용이 가능하다.

즉 불법촬영 등 일반적인 범죄혐의가 있는 경우 범죄혐의 확인을 위한 출동 및 수색, 초동수사 등을 진행할 수 있고, 범죄혐의가 없더라도 위험 발생이 우려되는 경우에는 필요한 조치를 취할 수 있다.

다만 이 법률들의 해석에 따르면, 드론으로 불법촬영 등이 이루어지고 있는 경우 수사절차의 개시나 진행은 가능하기 때문에 피의자에 대한 현행범체포 등의 절차는 가능하지만, 조종자를 확인할 수 없는 경우 등에 드론에 대해 즉시강제를 집행하기는 어려운 점이 있다. 이는 카메라 등 촬영죄의 보호법익이 경찰관 직무집행법에서 규정하고 있는 "사람의 생명 또는 신체에 위해를 끼치거나 재산에 중대한 손해를 끼칠 우려가 있는 천재(天災), 사변(事變), 인공구조물의 파손이나 붕괴, 교통사고, 위험물의 폭발, 위험한 동물 등의 출현, 극도의 혼잡, 그 밖의 위험한 사태"에 해당할 것인가에 대한 문제가 명확하지 않기 때문이며 이에 대해서는 더 깊은 연구가 필요할 것으로 보인다.

• 불법촬영, 과실치사상 기타 형법, 특별법상 범죄혐의가 의심되는 경우 • 수사절차 진행 • 형법 및 특별법 규정	• 생명이나 신체 위해, 재산의 중대한 손해가 우려되는 경우 • 즉시강제 등 • 경찰관직무집행법

▌그림 2 범죄혐의가 있는 경우 – 위험발생이 우려되는 경우

2) 경호처법

> □ 대통령등의 경호에 관한 법률(약칭: 대통령경호법)
>
> [시행 2017. 7. 26.] [법률 제14839호, 2017. 7. 26., 타법개정]
>
> 제5조(경호구역의 지정 등) ① 처장은 경호업무의 수행에 필요하다고 판단되는 경우 경호구역을 지정할 수 있다. 〈개정 2012. 2. 2., 2013. 3. 23., 2017. 7. 26.〉
> ② 제1항에 따른 경호구역의 지정은 경호목적 달성을 위한 최소한의 범위로 한정되어야 한다.
> ③ 소속공무원과 관계기관의 공무원으로서 경호업무를 지원하는 사람은 경호 목적상 불가피하다고 인정되는 상당한 이유가 있는 경우에만 경호구역에서 질서유지, 교통관리, 검문·

검색, 출입통제, 위험물 탐지 및 안전조치 등 위해 방지에 필요한 안전활동을 할 수 있다. 〈개정 2012. 2. 2.〉
④ 삭제 〈2013. 3. 23.〉
[전문개정 2011. 4. 28.]

경호구역의 경우 드론에 대하여 대통령경호법의 적용이 가능하다. 해당 법률에 의할 경우 경호구역 내에서는 경호목적상 필요한 안전활동을 할 수 있으며 위해방지와 관련이 있는 경우에는 드론에 대한 대응도 이에 포함될 수 있다. 단 경호구역의 지정은 최선의 범위로 한정되어야 한다는 조항과 대드론 활동의 경우 "불가피하다고 인정되는 상당한 이유가 있는 경우"에 한정하고 있으므로 이에 대하여 주의해야 한다.

마. 기타 드론 관련 법률과 문제점

1) 전파법

드론은 기본적으로 사람이 탑승하지 않은채 전파를 이용하여 조종하는 데 따라서 전파법의 적용을 받게 된다. 현행 전파법은 드론 조종에 필요한 주파수 및 전파출력 등을 규정하고 있다.

그러나 전파법에는 현재 다음과 같은 문제점들이 지적되고 있다.

• 개인의 공중선전력 송신제한은 10mW(시야 30m)
• 현실적으로 대회에서 사용하기 어렵기 때문에 개인 구매(200~600mW 사용)
• 개인이 1대를 구입하는 경우 전파적합성 면제 대상(그러나 전파출력 사용은 위법 소지)
• 4에서 7km 송신거리를 가지는 DJI 제품의 경우 100~400mW 사용(전파인증제품)

❑ 전파법시행령

제2조

  6. "공중선전력(空中線電力)"이란 공중선의 급전선(給電線)에 공급되는 전력을 말한다.

제84조(벌칙) 다음 각 호의 어느 하나에 해당하는 자는 3년 이하의 징역 또는 3천만원 이하의 벌금에 처한다.〈개정 2010. 7. 23., 2014. 6. 3., 2015. 3. 27., 2015. 12. 22., 2020. 6. 9.〉

  1. 제19조제1항에 따른 허가를 받지 아니하거나 제19조의2제1항에 따른 신고를 하지 아니하고 같은 항 제3호 및 제4호의 무선국을 개설하거나 운용한 자
  1의2. 제29조제5항에 따른 인가를 받지 아니하고 전파차단장치를 제조·수입 또는 판매한 자
  2. 제41조제3항에 따른 승인을 받지 아니하고 위성주파수이용권의 전부 또는 일부를 양도·양수 또는 임대·임차하거나 위성주파수등의 이용을 중단한 자
  3. 제42조의2제1항에 따른 승인을 받지 아니하고 우주국 무선설비의 전부나 일부를 양도·양수하거나 임대·임차(무선설비를 위탁운용하거나 다른 자와 공동으로 사용하는 경우를 포함한다)한 자
  4. 제58조제1항에 따른 허가를 받지 아니하고 같은 항 제2호에 따른 통신설비를 설치하거나 운용한 자
  5. 제58조의2에 따른 적합성평가를 받지 아니한 기자재를 판매하거나 판매할 목적으로 제조·수입한 자
  6. 제58조의10제1항을 위반하여 적합성평가를 받은 기자재를 복제·개조 또는 변조한 자
[전문개정 2008. 6. 13.]
[시행일: 2020. 12. 10.]

❑ 전파법

제58조의2제2항

② 전파환경 및 방송통신망 등에 위해를 줄 우려가 있는 기자재와 중대한 전자파장해를 주거나 전자파로부터 정상적인 동작을 방해받을 정도의 영향을 받는 기자재를 제조 또는 판매하거나 수입하려는 자는 해당 기자재에 대하여 제58조의5에 따른 지정시험기관의 적합성평가기준에 관한 시험을 거쳐 과학기술정보통신부장관의 적합인증을 받아야 한다. 〈개정 2013. 3. 23., 2017. 7. 26.〉

  3) 드론무력화 관련 전파법제한(재밍, 스푸닝 등)
    재밍은 WIFI·GPS 등 드론의 전파신호를 교란하는 기술로 드론의 움직임을 제어, 무력화 할 수 있다. 재밍을 통해 드론을 원점으로 강제로 복귀 시켜 조종자의 위치까지 파악이 가능하다.

□ 전파법시행령

제25조(신고하지 아니하고 개설할 수 있는 무선국)
4. 적합성평가를 받은 무선기기로서 다른 무선국의 통신을 방해하지 아니하는 출력의 범위에서 사용할 목적으로 과학기술정보통신부장관이 용도 및 주파수와 안테나공급전력 또는 전계강도 등을 정하여 고시하는 무선기기

□ 신고하지 아니하고 개설할 수 있는 무선국용 무선기기(고시)

[시행 2019. 10. 18.] [과학기술정보통신부고시 제2019-85호, 2019. 10. 18., 일부개정]
과학기술정보통신부(주파수정책과), 044-202-4948

제2조(정의) 이 고시에서 사용하는 용어의 정의는 다음과 같다.
2. "특정소출력무선기기"라 함은 당해 무선기기로부터 10미터 거리에서 측정한 전계강도, 안테나공급전력 또는 안테나공급전력밀도의 허용치 중 하나를 만족하는 무선기기로서 이 고시에서 정한 특정한 조건의 용도로 사용할 수 있는 무선기기를 말한다.
3. "무선조정용 무선기기"라 함은 비행기, 자동차, 보트 등의 실물과 유사한 형태 및 기능을 갖춘 모형체를 원격 조정하는 무선기기를 말한다.

(1) 무선조정용 무선기기

주파수(MHz)	용도	전계강도
26,995, …, 27,195(5채널, 50KHz간격) 40,255, …, 40,495(13채널, 20KHz간격) 75,630, …, 75,790(9채널, 20KHz간격)	지상 및 수상용	10mV/m @10m이하
40,715, …, 40,995(15채널, 20KHz간격) 72,630, …, 72,990(19채널, 20KHz간격)	상공용	
13,552~13,568 26,958~27,282 40,656~40,704	완구조정기, 무선도난경보기, 원격조정장치	

표 2 드론 주파수 및 출력 규정

이에 반해 드론 재머는 규제로 인해 활용이 사실상 불가능한 실정이다. 특히 문제가 되는 것은 대드론 등에 대한 전파법 등의 규정이다.

현재 대드론 방법의 핵심이 되는 재밍 등의 경우 조종전파를 교란하는 방법을 취하고 있는데 현행 전파법 58조에 따르면 통신에 방해를 주는 설비의 경우 허가

가 불가능하도록 규정돼 있으며 같은 법 82조에 따르면 무선통신 방해 행위에 대해 처벌하도록 규정하고 있다.

현재 경호 등의 경우 위 규정에 의하여 사용될 여지는 있었으나(사실 경호 등의 경우에도 필요한 안전활동이라는 내용에 의해 사용을 고려하기는 하였지만 법률적으로 명확한 사용 근거를 갖지는 못했다.) 기타의 국가 중요시설이나 공항 등의 장소에서는 전파법 규정에 따라 재머(전파교란기) 등의 사용이 어려웠다.

이와 관련하여 전파법 및 공항시설법에 대한 일부개정법률안이 발의되었는데 공항시설법은 아직 개정되지 않았지만 전파법 일부 조항이 개정되어 경호, 군사활동, 대테러활동, 공항, 원자력방호 및 이와 관련한 경찰활동에 대하여 전파차단장치의 사용 근거가 마련되었다. 다만 현재까지 민간에서 이러한 전파차단장치를 사용할 근거는 아직 없으며 전파차단장치의 경우 제조·수입·판매 시에 과학기술정보통신부장관의 인가를 받도록 규정하고 있다.

❑ **전파법**

[시행 2020. 6. 11.] [법률 제16756호, 2019. 12. 10., 일부개정]

제29조(혼신 등의 방지) ① 전파자원은 혼신·간섭 등을 일으켜 타인의 전파이용을 방해 또는 차단하지 않도록 이용되어야 한다.

② 무선국은 다른 무선국의 운용을 저해할 혼신이나 그 밖의 방해를 하지 아니하도록 운용하여야 한다. 다만, 제25조제2항제1호부터 제4호까지의 통신에 관하여는 그러하지 아니하다.

③ 제1항 및 제2항에도 불구하고 공공안전을 위하여 불가피한 경우로서 다음 각 호의 어느 하나에 해당하는 경우에는 그 활동 또는 조치 등의 범위에서 「드론 활용의 촉진 및 기반조성에 관한 법률」 제2조제1항제1호에 따른 드론 및 폭발물 등 공공안전 위협 수단을 대상으로 전파이용을 방해 또는 차단하는 장치(이하 "전파차단장치"라 한다)를 사용할 수 있다.

1. 「대통령 등의 경호에 관한 법률」 제5조제3항에 따른 안전활동
2. 「통합방위법」, 「군사기지 및 군사시설 보호법」 등에 따른 국가안전보장 목적의 군사활동
3. 「국민보호와 공공안전을 위한 테러방지법」 제2조제6호에 따른 대테러활동
4. 「공항시설법」 제56조제7항에 따른 위반행위의 제지
5. 「원자력시설 등의 방호 및 방사능 방재 대책법」 제2조제1항제3호에 따른 물리적방호
6. 제1호부터 제5호까지와 관련하여 행하여지는 「경찰관 직무집행법」 제5조제1항제3호에 따른 위험 발생의 방지 또는 같은 법 제6조에 따른 범죄의 예방과 제지를 위한 활동

④ 중앙행정기관(그 소속기관을 포함한다) 또는 그 감독을 받는 기관이 전파차단장치를 도입

하거나 폐기하는 경우 해당 중앙행정기관의 장은 그 제원 및 수량 등 대통령령으로 정하는 사항을 과학기술정보통신부장관에게 신고하여야 한다.

⑤ 전파차단장치를 제조·수입 또는 판매하고자 하는 자는 과학기술정보통신부장관의 인가를 받아야 한다.

⑥ 제4항에 따라 전파차단장치를 도입한 기관은 의도하지 않은 전파 혼신의 최소화 등 전파차단장치의 안전한 운용을 위한 자체 운용계획을 수립하여야 한다.

⑦ 제4항 및 제5항에 따른 신고와 인가에 필요한 사항은 대통령령으로 정한다.

[전문개정 2020. 6. 9.]
[시행일: 2020. 12. 10.] 제29조

제29조의2(면책) 제29조제3항에 따른 전파차단장치 사용으로 타인을 사상(死傷)에 이르게 한 경우 그 전파차단장치 사용이 불가피하고 전파차단장치를 운용한 자에게 고의 또는 중과실이 없는 때에는 그 정상을 참작하여 사상에 대한 형사책임을 감경하거나 면제할 수 있다.

[본조신설 2020. 6. 9.]
[시행일: 2020. 12. 10.] 제29조의2

3. 드론 관련 제도적 검토

가. 드론 등록제

드론 기체와 소유주를 등록하는 것은 드론제도에 있어 매우 중요한 부분이다. 앞서 언급한 것처럼 드론을 등록하게 되면 기체의 소유주를 자동으로 등록하게 되며 이는 실생활 드론 사용의 핵심이 되기 때문이다. 상용드론체계에 가까운 UTM은 별도의 규정이 적용될 가능성이 높고, 군사용 드론이나 경찰 세관용과 같은 특수 드론들은 항공법상 적용을 받지 않기 때문에 실질적으로는 개인이 사용하는 드론이 핵심이 된다.

기존 항공안전법에 의하면 기체신고의무는 12kg으로 되어 있었으나 2021년 1월 1일부터 2kg 이상의 드론(초경량비행장치 중 무인동력장치)에 대해서는 신고하도록 항공안전법시행령이 개정되었다. 따라서 개인의 경우 2kg 이상의 드론은 신고하여 사용하여야 한다.(사업자의 경우 다른 기준이 적용된다.)

❑ 항공안전법

[시행 2020. 6. 9.] [법률 제17463호, 2020. 6. 9., 일부개정]

제122조(초경량비행장치 신고) ① 초경량비행장치를 소유하거나 사용할 수 있는 권리가 있는 자(이하 "초경량비행장치소유자등"이라 한다)는 초경량비행장치의 종류, 용도, 소유자의 성명, 제129조제4항에 따른 개인정보 및 개인위치정보의 수집 가능 여부 등을 국토교통부령으로 정하는 바에 따라 국토교통부장관에게 신고하여야 한다. 다만, 대통령령으로 정하는 초경량비행장치는 그러하지 아니하다.

❑ 항공안전법시행령

제24조(신고를 필요로 하지 아니하는 초경량비행장치의 범위) 법 제122조제1항 단서에서 "대통령령으로 정하는 초경량비행장치"란 다음 각 호의 어느 하나에 해당하는 것으로서 「항공사업법」에 따른 항공기대여업·항공레저스포츠사업 또는 초경량비행장치사용사업에 사용되지 아니하는 것을 말한다. 〈개정 2020. 5. 26.〉
1. 행글라이더, 패러글라이더 등 동력을 이용하지 아니하는 비행장치
2. 계류식(繫留式) 기구류(사람이 탑승하는 것은 제외한다)
3. 계류식 무인비행장치
4. 낙하산류
5. 무인동력비행장치 중에서 최대이륙중량이 2킬로그램 이하인 것
6. 무인비행선 중에서 연료의 무게를 제외한 자체무게가 12킬로그램 이하이고, 길이가 7미터 이하인 것
7. 연구기관 등이 시험·조사·연구 또는 개발을 위하여 제작한 초경량비행장치
8. 제작자 등이 판매를 목적으로 제작하였으나 판매되지 아니한 것으로서 비행에 사용되지 아니하는 초경량비행장치
9. 군사목적으로 사용되는 초경량비행장치
[시행일: 2021. 1. 1.] 제24조제5호

드론을 조종하기 위한 조종자 증명 역시 크게 개정되었는데 기존의 경우 12kg 이하 드론을 조종하는 경우에는 조종자 증명을 받지 않아도 가능하였다. 그러나 항공안전법 시행규칙의 개정에 따라 250g 이하 드론을 조종하는 경우에만 조종자 증명의 면제가 가능하고 그 이외의 경우 1종에서 4종까지의 조종자 증명을 받도록 개정되었다. 국토교통부의 설명에 따르면 실질적으로 2kg가 넘는 경우에는 비행경력과 필기 및 실기시험을 거치도록 하고 있고, 대부분의 취미용 드론인 2kg 이하 드론에 대해서는 온라인 교육으로 조종자격을 부여하는 안을 제시하였다.

❑ 항공안전법

[시행 2020. 6. 9.] [법률 제17463호, 2020. 6. 9., 일부개정]

제125조(초경량비행장치 조종자 증명 등) ① 동력비행장치 등 국토교통부령으로 정하는 초경량비행장치를 사용하여 비행하려는 사람은 국토교통부령으로 정하는 기관 또는 단체의 장으로부터 그가 정한 해당 초경량비행장치별 자격기준 및 시험의 절차·방법에 따라 해당 초경량비행장치의 조종을 위하여 발급하는 증명(이하 "초경량비행장치 조종자 증명"이라 한다)을 받아야 한다. 이 경우 해당 초경량비행장치별 자격기준 및 시험의 절차·방법 등에 관하여는 국토교통부령으로 정하는 바에 따라 국토교통부장관의 승인을 받아야 하며, 변경할 때에도 또한 같다.

❑ 항공안전법 시행규칙

제306조(초경량비행장치의 조종자 증명 등) ① 법 제125조제1항 전단에서 "동력비행장치 등 국토교통부령으로 정하는 초경량비행장치"란 다음 각 호의 어느 하나에 해당하는 초경량비행장치를 말한다. 〈개정 2020. 5. 27.〉

1. 동력비행장치
2. 행글라이더, 패러글라이더 및 낙하산류(항공레저스포츠사업에 사용되는 것만 해당한다)
3. 유인자유기구
4. 무인비행장치. 다만 다음 각 목의 어느 하나에 해당하는 것은 제외한다.
   가. 제5조제5호가목에 따른 무인비행기, 무인헬리콥터 또는 무인멀티콥터 중에서 연료의 중량을 포함한 최대이륙중량이 250그램 이하인 것
   나. 제5조제5호나목에 따른 무인비행선 중에서 연료의 중량을 제외한 자체중량이 12킬로그램 이하이고, 길이가 7미터 이하인 것
5. 회전익비행장치
6. 동력패러글라이더

④ 제3항에 따른 초경량비행장치 조종자 증명 규정 중 제1항제4호가목에 따른 무인동력비행장치에 대한 자격기준, 시험실시 방법 및 절차 등은 다음 각 호의 구분에 따른 무인동력비행장치별로 구분하여 달리 정해야 한다. 〈신설 2020. 5. 27.〉

1. 1종 무인동력비행장치: 최대이륙중량이 25킬로그램을 초과하고 연료의 중량을 제외한 자체중량이 150킬로그램 이하인 무인동력비행장치
2. 2종 무인동력비행장치: 최대이륙중량이 7킬로그램을 초과하고 25킬로그램 이하인 무인동력비행장치
3. 3종 무인동력비행장치: 최대이륙중량이 2킬로그램을 초과하고 7킬로그램 이하인 무인동력비행장치
4. 4종 무인동력비행장치: 최대이륙중량이 250그램을 초과하고 2킬로그램 이하인 무인동력비행장치

[시행일: 2021. 3. 1.] 제306조제1항제4호

> * 드론 조종자격 차등화(안)
> ① 250g ~ 2kg: 온라인 교육
> ② 2kg ~ 7kg: 비행경력(6시간) 및 필기시험
> ③ 7kg ~ 25kg: 비행경력(10시간), 필기 및 실기시험(약식)
> ④ 25kg ~ 150kg: 비행경력(20시간), 필기 및 실기시험

표 3 드론 조종자격 차등화 안   출처: 국토교통부

드론 기체의 신고의무와 조종자격과 관련하여 눈여겨볼 부분은 개정의 이유이다. 국토부 설명에 의하면 드론 활용의 급격한 증가에 따라 성능과 위험도를 기준으로 드론을 분류하였고, 해외의 경우에도 미국·중국·독일·호주 등이 250g을 기준으로 기체의 신고의무를 부과하게 하는 세계적 추세에 따라 이와 같은 방식으로 변경하였으며 결국 드론 사용의 확산에 따른 위험관리와 불안감 불식을 위한 것임을 확인하였다.

드론 등록제는 법제도적 관점에서 드론의 위협을 관리하기 위한 가장 기본적이고 중요한 내용이며 세계적으로 드론의 확산과 함께 이러한 관리와 규제 움직임이 가속화되고 있음을 알 수 있다.

반면 현재의 드론 등록 및 조종 기준은 기체의 무게에 초점을 맞추고 있는 한계가 있다. 앞서 본 것처럼 드론 기술의 발전에 따라 드론의 크기나 무게와 관계없이 상당한 위험을 줄 수 있는 드론들이 늘어나고 있다는 반면 즉 기존 드론의 무게를 기준으로 한 조종자격이나 규제는 드론 추락 시의 위험성을 기준으로 한 것으로 근본적인 한계를 갖는다.

최근 드론의 위협이나 범죄의 경우 드론의 추락이 아닌 드론을 이용한 공격, 침입, 불법촬영 등을 문제가 더욱 심각한 점을 고려할 때, 드론 무게 외에 장비나 성능을 고려하여 위 규정들을 보완할 필요가 있다.

나. 드론 식별제

기술적인 부분에서 살펴본 것처럼 드론의 식별 역시 드론의 등록만큼이나 중요한 문제이다. 드론 식별은 등록된 드론을 어떻게 식별할 것인지에 대한 기술적 제도적 장치인데 등록된 드론이라 하더라도 식별체계가 제대로 갖추어져 있지 않으면 등록 자체가 갖는 의미가 없어진다. 자동차의 경우 번호판을 부착했다는 것만으로 교통관리체계에 포함된 것이 아니라 번호판을 인식하고 이에 따라 차량의 이동이나 소유주를 파악하고, 또는 특정 구역에 접근 권한을 부여하는 것처럼 식별은 드론의 관리에 있어 핵심적인 부분 중 하나가 된다.

드론 식별과 관련해서는 구역별, 기체별, 식별기술별로 여러 가지 규정이 있을 수 있다.

구분	규격	장비	비고
대형	12kg 이상	장비 종류 및 부착 여부 무관 (10배 이상 줌 카메라, 투하용 장비, 기타 법령에서 규정하는 장비가 부착된 경우 무게와 관계없이 대형기체 규정 적용)	• 보안구역: 전자비표 • 일반공역: 능동형 식별장치+공인인식표 • 자유공역: 간이인식표
중형	12kg~250g 이상	장비 종류 및 부착 여부 무관	• 보안구역: 전자비표 • 일반공역: 수동형 식별장치+공인인식표 • 자유공역: 간이인식표
소형	250g 미만	카메라 및 기타 전자기기 부착되지 않을 것	• 보안구역: 전자비표 • 일반공역: 간이인식표 • 자유공역: 간이인식표
특수형	무게 무관	• 카메라 부착 – 일정 속도(50km) 이상 비행 가능 기체 – 전파방해 또는 기타 위협 가능 기체	특수형은 중형 기체 규정 적용 (10배 이상 줌 카메라, 투하용 장비, 기타 법령에서 규정하는 장비가 부착된 경우 대형 기체 규정 적용)

표 4 기체별 식별 체계(안)　　　　　　출처: 소형·저고도 드론 식별체계 연구(전파연구원)

위 표는 기체별로 부착해야 하는 식별장지 및 체계에 대한 것으로 기체별 무게에 따라 기본적으로 장착해야 하는 식별장치들을 규정하고 있으며, 무게 기준에 의한 기존 분류에서 벗어나 장비 및 성능에 따른 내용을 포함하고 있다는 데 의미가 있다.

구분	보안공역 (비행금지구역)	일반공역	자유공역 (시험비행구역)
대형 (12kg 이상)	• 청와대, 원자력발전소 등 국가중요시설 및 공항주변 • VIP경호 및 국제행사 등 일시적 비행금지구역 • 보안용(아군확인용) 식별장치 부착	• 능동형(브로드캐스팅형) • 식별장치 부착(필수) • 공인인식표 부착(필수)	간이인식표 부착(필수)
중형 (12kg 미만 ~250g)		• 수동형(통신 및 전파수신형) • 식별장치 부착(필수) • 공인인식표 부착(필수)	
소형 (250g 미만, 성능기준)	• 보안식별장치가 부착되지 않은 드론에 대해서는 경고 및 즉시 무력화 가능 • 일반 UAS와는 별도로 구분된 보안구역용 식별 시스	• 간이인식표 부착(필수)	

특수형 (무게 무관, 성능 기준)	템 구축(주체별, 행사별, 공항별로 구분 설치 가능) • 보안구역 내 대응은 책임(특수)기관이 기본대응, 경찰 및 군 2차 대응 • 기체종류 및 크기, 성능과 무관하게 동일 기준 적용	성능 및 장비에 따른 기체 기준 적용	

표 5 드론 종합 식별 체계(안)　　　　출처: 소형·저고도 드론 식별체계 연구(전파연구원)

위 표는 기체와 공역, 식별 장치들을 종합한 내용으로 드론들을 각 공역에서 비행하기 위해서 갖추어야 하는 기본적인 장비와 인식표 등을 정리한 내용이다. 기본적으로는 보안공역(특수공역)에서는 기체 종류와 관계없이 전자비표개념의 특수 식별장치를 필요로 하고, 일반공역은 기체별 기준에 따라 적용, 자유공역 및 시범비행공역은 간이인식표 만으로 비행이 가능하도록 규정하고 있다.

이러한 식별체계가 정립될 경우 특정구역에서 아군기와 적군기를 구별할 수 있게 되며 이에 따라 드론의 테러나 공격에 대한 적극적인 대항이 가능하며, 드론 범죄에 있어서도 실시간 또는 사후분석을 통해 드론 소유자와 조종자를 찾아 근본적인 위협의 제거와 관리가 가능하다. 따라서 드론 등록제에 따른 드론 식별체계는 드론위험 관리의 핵심적인 제도 중 하나라고 할 수 있다.

다. 종합관리체계

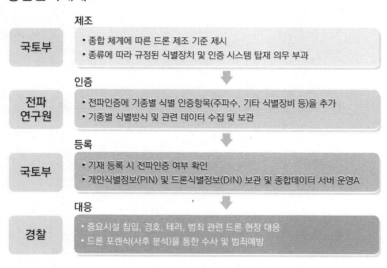

드론의 위험을 관리하기 위해서는 물리적인 대응 수단을 갖춤과 동시에 제조-인증-등록-운영에 이르는 종합적인 부처별 대응 체계가 필요하다. 드론 제조 및 수입사에게 명확한 기술 기준을 제시하고, 기준에 다른 전파인증을 진행하고, 등록을 통해 기체와 조종자 정보를 관리하고, 위협 상황 시 이러한 정보를 바탕으로 한 효율적 대응을 통해 최종적으로 드론의 위협을 관리할 수 있게 되는 것이다.

따라서 관련 정부부처들과 민간의 적극적인 소통 및 협업을 통해 위험 관리 체계를 지속적으로 발전시켜야 할 것이다.

라. 드론 관련 법제도 정리 및 문제점

드론은 새로운 기술이다. 조종자의 눈이 되어 수 킬로미터 이상을 날아가기도 하고 물건을 옮기기도 한다. 공중을 이용하지만 일반 항공기와 같이 높은 고도를 이동하지는 않고 기본의 RC 제품들과 달리 카메라가 있어 실시간으로 고화질 영상을 볼 수도 있다. 그러나 새로운 기술의 등장과 발전에 비해 법률은 언제나 뒤쳐질 수밖에 없으며 드론도 많은 법적인 미비점을 가지고 있다. 드론을 통한 미행, 감시, 촬영 등의 경우 규제가 어려운 점이 있고 드론 고속도로나 비행구역 등에 대한 법적 검토와 개념도 아직 부족하다. 현재 드론은 무게를 중심으로 규정하고 있지만 무게를 넘어 성능이나 속도, 조종 거리나 방식, 장비에 따라 규제해야 될 필요도 있다.

드론뿐만 아니라 자율주행차나 인공지능 로봇 등의 경우도 많은 논란이 있다. 자율주행차의 사고가 누구의 책임인지, 로봇의 과실로 인한 사고는 어떻게 처벌해야 하는지 등 새로운 기술에 대해서는 고민해야 할 부분이 많으며 현재의 법률 시스템으로 이러한 기술 변화에 따른 문제점을 하나하나 규정하는 것은 매우 쉽지 않다.

CHAPTER

05

미래사회의
위협과 대응

▌그림 1 자율주행차

드론의 위협과 대응 그리고 최신의 드론 식별 및 포렌식 기법까지 검토하였다. 현재 드론의 위협은 그렇게 직접적이지 않지만 꾸준하게 그 위협의 정도와 수준, 빈도가 높아지고 있다. 그리고 그에 대한 대응기술이나 방법들도 개발되고 있다. 그런데 우리 주변을 위협하는 것은 드론 외에도 많은 것이 있을 수 있고 그렇게 위협이 될 수 있는 것들은 점점 늘어나고 있다.

완전한 자율주행단계에 이르는 자율주행차들의 개발이 가시화되고 있다. 앞으로 빠른 미래에는 목적지만 입력하면 운전자의 운전이 필요 없는 자율주행차들의 사용이 일상이 되고 불안전하고 느린 사람의 반사신경과 경험으로 운전을 하는 것이 더욱 이상한 일이 될 수도 있다.

그러나 자율주행차 역시 하나의 기계이기 때문에 언제든지 오작동이 일어날 수 있다. 이는 제조 과정의 문제에서부터 프로그램의 문제, 운행자의 과실까지 여러 원인이 있을 수 있으며 이러한 문제가 발생했을 경우 기존의 방법으로 원인을 분석하고 대응하기에 매우 어려울 수 있다.

우리는 공중의 비행체인 드론에 대해 이야기하였지만 수상, 지상에 드론과 같은 소형 이동체가 얼마든지 다닐 수 있다. 킥보드와 같은 PM(personal mobility)와 같은 개인 이동기기는 지속적으로 개발될 것이며 드론과 같이 공중을 비행할 수도 있다. 웨어러블 컴퓨터, 유전자 치료, 나노 물질, 인간형 로봇, 인공지능 등

지금도 새롭게 개발되고 연구되고 있는 수많은 기술들은 그와 관련된 상반된 위협을 가져올 수 있다. 따라서 이러한 새로운 기술들의 발전에 따라 면모를 살펴보고 그 위험성에 대비하는 것은 우리 사회의 안전을 지키기 위해 필수적인 일이 될 것이다.

인공지능이 인간을 넘는 특이점을 지난 경우 인공지능의 위험성, 유전자 치료 물질이 가져올 유전자 조작의 문제, 나노용 의료 로봇이 가져올 위험성, 웨어러블 기기의 위험성 등 새로운 기술들이 등장할 때마다 이에 대한 부작용과 위험성은 항상 함께 연구되어야 한다. 이는 현재 기술의 발전 속도와 파급성이 과거에 비해 현저하게 빨라지고 있으며 그 영향 범위 역시 지역을 넘어 전 세계에 미칠 수도 있는 것이다. 따라서 이러한 기술과 미래의 위협을 인지하고 대응하는 것은 우리 사회의 안전을 확보하는 가장 필수적인 일이 될 것이다.

저자 약력

이동규

학력
| 경찰대학 행정학과 학사
| KAIST 공학 석사

주요 경력
| 현 경찰수사연수원 교수요원(지능범죄학과)
| 드론연구센터 연구원
| 현장수사 14년 경력
| 경찰청 지능범죄수사교재, 의료범죄수사교재
　감수위원

드론의 위협과 대응

초판발행	2021년 4월 9일
지은이	이동규
펴낸이	안종만 · 안상준
편 집	배규호
기획/마케팅	오치웅
표지디자인	BEN STORY
제 작	고철민 · 조영환
펴낸곳	(주) 박영사
	서울특별시 금천구 가산디지털2로 53, 210호(가산동, 한라시그마밸리)
	등록 1959. 3. 11. 제300-1959-1호(倫)
전 화	02)733-6771
f a x	02)736-4818
e-mail	pys@pybook.co.kr
homepage	www.pybook.co.kr
ISBN	979-11-303-1206-4 93350

정 가　　　13,000원